Prof. Dr. theol. habil. Peter Schallenberg

Gut, besser, Gott
Moralische Grundbegriffe

Peter Schallenberg

Gut besser Gott

Moralische Grundbegriffe

BONIFATIUS

Bibliografische Information der Deutschen Nationalbibliothek:
Die Deutsche Nationalbibliothek verzeichnet diese Publikation in der Deutschen Nationalbibliografie; detaillierte bibliografische Daten sind im Internet über http://dnb.d-nb.de abrufbar.

Klimaneutrale Produktion.
Gedruckt auf umweltfreundlichem, chlorfrei gebleichtem Papier.

Klimaneutral
Druckprodukt
ClimatePartner.com/53323-2101-1004

MIX
Papier aus verantwortungsvollen Quellen
FSC® C011558
www.fsc.org

Umschlaggestaltung: Melanie Schmidt
Umschlagfoto: Rawpixel.com/AdobeStock
Satz: Melanie Schmidt, Jessica Gutzeit
ISBN 978-3-89710-898-1

Weitere Informationen zum Verlag:
www.bonifatius-verlag.de

Gesamtherstellung: Bonifatius GmbH Druck | Buch | Verlag, Paderborn

Inhaltsverzeichnis

Vorwort

Ganz genau kann ich mich noch erinnern, wie wir im Religionsunterricht der Oberstufe im altehrwürdigen Gymnasium Laurentianum in meiner Heimatstadt Arnsberg im Sauerland Anselm von Canterbury (1033-1109) behandelten. Insbesondere der berühmte „ontologische Gottesbeweis" aus seinem großen Werk „Proslogion", also der Versuch, mit Hilfe der menschlichen Vernunft die Existenz Gottes zu beweisen,[1] weckte mein Interesse. Immanuel Kant (1724-1804) hat zuerst einen solchen Gottesbeweis[2] ontologisch genannt, um deutlich zu machen, dass hierbei auf unzulässige Weise von der sprachlichen und begrifflichen Ebene auf die Ebene des Seins geschlossen wird,[3] salopp ausgedrückt: Was der menschliche Geist denken kann, das könnte auch existieren. Dabei wendet sich Anselm mit seinem „Beweis" – besser würde man es wohl Hinweis nennen, da es nicht im mathematischen Sinn ein Beweis für die Existenz Gottes sein will – an glaubende Menschen, die die Inhalte des Glaubens verstehen wollen: „fides quaerens intellectum", der Glaube sucht und befragt den Verstand.[4] So kommt Anselm in Form eines Gebetes – und damit als Glaubender – zu dem Satz: Gott ist das, worüber hinaus Größeres und Besseres nicht gedacht werden kann, „id quo maius

1 Vgl. Anselm von Canterbury, Proslogion, insb. Cap. II-IV; Hansjürgen Verweyen, Nach Gott fragen. Anselms Gottesbegriff als Anleitung, Essen 1978.

2 Vgl. Robert Spaemann, Der letzte Gottesbeweis, München 2007.

3 Immanuel Kant, Kritik der reinen Vernunft, B 625/A 597: „Sein ist offenbar kein reales Prädikat, […]".

4 Anselm von Canterbury, Proslogion, Prooemium.

cogitari non potest"[5], und in letzter Konsequenz hält er sogar fest, dass Gott größer ist als gedacht werden kann: „non solum es quo maius cogitari nequit, sed es quiddam maius quam cogitari possit."[6]. Erst viel später im Studium erfuhr ich, dass es auch eine Variante dieses philosophischen Gottesnachweises gibt, in der Sprache der mathematischen Modallogik, bei dem österreichischen Mathematiker Kurt Gödel (1906-1978).[7]

Damals im Gymnasium jedenfalls war ich begeistert und erleichtert zugleich darüber, dass man beim Nachdenken über Gott und seine mögliche Existenz seinen Verstand nicht an der Garderobe abzugeben hat, vielmehr sich die Möglichkeit Gottes durchaus mit dem widerspruchsfreien Denken vertragen kann. Und während des Studiums der Moraltheologie an der Gregoriana in Rom lernte ich dann bei Klaus Demmer (1931-2014), dass genau dieser ontologische Gottesbeweis des Anselm auch als Grundlage der theologischen Ethik dienen kann: Gott ist der umfassende und grundlegende Horizont des gläubigen Denkens, das bis an die äußersten Grenzen der Möglichkeit vorstößt und danach fragt: Was wäre die bestmögliche Wirklichkeit? Kürzer: Was wäre das beste vom menschlichen Geist her Denkbare? Noch kürzer: Was wäre die beste Person für jede menschliche Person? Und weiter: Wenn diese Person denkbar wäre – und die Offenbarung in Jesus Christus sie uns als wirklich auf-

5 Ebd., Cap. II.
6 Ebd., Cap. XV.
7 Kurt Gödel, Ontological proof, in: Ders., Collected Works Vol. 3. Unpublished Essays and Letters, Oxford University Press 1970.

zeigt – was wäre dann die Folge für das Leben? Für das Handeln? Kurz: Für die Moral?

So kam es zu dem Titel dieses Buches. Es schließt sich an zwei ältere Bücher von mir im Bonifatius Verlag an und versteht sich als deren aktualisierte Überarbeitung: „Moraltheologie / Christliche Gesellschaftslehre“[8] und „Gott, das Gute und der Mensch“[9].

Doch allzu oft scheint der zentrale Satz des christlichen Glaubens wie eine leere Hülle, eine Worthülse, die nach Belieben geäußert wird: „Gott ist Liebe, und wer in der Liebe bleibt, bleibt in Gott und Gott bleibt in ihm.“[10] Nur ein Allgemeinplatz, der seine Bedeutung für das moderne Leben des Menschen verloren hat? Hier lohnt es sich die entscheidende Frage zu stellen: Was könnte es für den Menschen bedeuten, wenn dieser kurze Satz aus dem Neuen Testament wirklich wahr wäre? Wahr nicht im Sinne der Mathematik oder Physik, im Sinne messbarer Daten, sondern viel grundlegender: Wahr in Hinsicht auf mein Handeln, wahr für die mir aufgetragene und zugemutete Gestaltung meines Lebens und die Verantwortung dafür? Diese Wahrheit Gottes für das eigene Leben und Handeln soll aufgeschlüsselt und dazu in diesem Buch ein Koordinatensystem skizziert werden, das hilft, über diese Grundfrage der Moraltheologie nachzudenken. Nach einem größeren Schlüsseltext, der den Rahmen und die Richtung der Überlegungen darlegt, werden wesentliche

---

8 Peter Schallenberg, Moraltheologie/Christliche Gesellschaftslehre, in: Michael Kunzler / Libero Gerosa, Theologie betreiben - Glaube ins Gespräch bringen. Die Fächer der katholischen Theologie stellen sich vor, Paderborn 2001.

9 Ders., Gott, das Gute und der Mensch. Grundlagen katholischer Moraltheologie, Paderborn 2009.

10 1 Joh 4, 16 b.

Schlüsselworte der Moraltheologie erläutert und entfaltet, sodass die darin gespeicherten Einsichten in ein vollkommen geglücktes Leben des Menschen zu Wort kommen können. Dieses vollkommene Glück heißt in der christlichen Tradition: Gott. Dadurch soll ein Grundverständnis der katholischen Moraltheologie als theologischer Ethik und im Unterschied zur philosophischen Ethik ermöglicht werden: Ethik unter dem Anspruch Gottes und seiner Offenbarung in Jesus von Nazareth.

Von Herzen danke ich meinem wissenschaftlichen Mitarbeiter am Lehrstuhl in Paderborn, Alexander Kaiser, für alle große Mühe und Hilfe, und Patrick Kaesberg für viele hilfreiche Gespräche, und widme das kleine Buch meinem Erzbischof Hans-Josef Becker von Paderborn in Dankbarkeit und Verbundenheit!

Paderborn, am Fest des hl. Liborius 2021

Schlüsseltext: Gott und die Moral

In der politischen Debatte in Europa ist oft die Rede von christlichen Grundwerten. Zuweilen wird in diesem Zusammenhang sogar, ungeachtet einer fortschreitenden Säkularisierung, ein christliches Abendland beschworen oder dessen Untergang angemahnt. Dabei geht es auf dem Hintergrund des neuzeitlichen Phänomens der Säkularisierung stets auch um die Nützlichkeit von Religion und Religiosität, um den moralischen Ertrag der Religion und speziell des Christentums und um die Mission der katholischen Kirche in einem zumindest partiell postchristlichen Europa. Letztlich steht die christliche Rede von Gott und seiner Offenbarung in Jesus Christus auf dem Prüfstand: Wie kann diese Offenbarung Gottes übersetzt werden in moralische und politische Grundwerte einer europäischen Zivilisation?[11] Eine Frage übrigens, die schon Augustinus (356-430) am Ende des römischen Reiches in seinem monumentalen Werk „De civitate Dei“ (Vom Gottesstaat) eingehend beschäftigte, und die er mit der Differenzierung von *civitas Dei* (Gottesstaat) und *civitas terrena* (Erdenstaat), von *forum internum* (wörtlich: innerer Marktplatz als Welt des Gewissens) und *forum externum* (äußerer Marktplatz als Welt der politischen Öffentlichkeit), kurz: mit der Unterscheidung von Kirche und Staat, versuchte zu beantworten, und dies mit nachhaltigen und wichtigen Konsequenzen bis heute.

11 Vgl. Jan Dziedzic, Die Religiosität und die Bildung von moralischen Haltungen in Europa nach der Wende, in: Jan Van Reeth / Bernard Pottier / Henryk Slawinski / Filip De Rycke (Eds.), Secularisation & Europe, s`Hertogenbosch / Kraków 2017, 307-321.

Wenn von Gott die Rede ist und von göttlicher Personalität und, christlicher Offenbarung gemäß, von drei göttlichen Personen eines einzigen Wesens, dann ist von Sakralität, und das heißt: von Heiligkeit der Person[12] Gottes und der menschlichen Person und ihrer Grundrechte, die Rede; das genau auch soll die moraltheologische Rede vom theologischen Naturrecht ausdrücken. Die Person ist sakral, heilig und unantastbar, also unbedingt schützenswert von Natur aus, ohne weitere Bedingung und auch ohne demokratische Abstimmung. Gemeint ist das nicht Verfügbare und das nicht Gebrauchbare, das nicht zu bestimmten Zwecken Benutzbare, mit Augustinus gesprochen: das nicht dem Bereich des *uti* (lateinisch: gebrauchen) des irdischen Staates der Weltzeit Zugehörige, sondern eben das, was einzig dem *frui* (lateinisch: zweckfreies Genießen) gehört. Dafür steht in christlicher Sprache Gott und der unvergängliche Reichtum seiner Liebe; das Gegenteil davon ist die Welt des gebrauchenden und verbrauchenden Konsums und der dahinter lauernden Armut. Sakralität meint dementsprechend das schlechthin Vollkommene und zugleich der Zeit und der menschlichen Verfügung Entzogene. Genau das wird christlich unter Gott verstanden. Der Münsteraner Philosoph Josef Pieper (1904-1997) beendet daher seinen großartigen Aufsatz zur Sakralität so: „Wenn es schon trostlos wäre, in einer Welt zu leben, worin es nur Verfügbares und Gebrauchbares gäbe, aber nichts, dessen man sich zweckvergessen freuen kann; nur Fachwissenschaft, aber keine

---

12 Vgl. Hans Joas, Die Sakralität der Person, Frankfurt/M. 2011; daneben auch Hans Thomas / Johannes Hattler (Hgg.), Personen. Zum Miteinander einmaliger Freiheitswesen, Heusenstamm 2012.

philosophierende Bedenkung des Lebensganzen; nur Forschung, aber keine Erinnerung; nur Unterhaltung und kurzweilig gemachter Alltag, aber keine große Dichtung und Musik – dann wäre es erst recht und schlechthin zum Verzweifeln, eingemauert zu sein in eine entsakralisierte, nichts als ‚weltliche' Welt, ohne die Möglichkeit, das Hier und Jetzt der jeweils geschichtlichen Aktualität immer wieder einmal zu überschreiten in den größeren, uns gleichfalls in Wahrheit zugedachten Daseinsraum hinein, nun aber nicht nur in der Weise der philosophierenden Reflexion und nicht bloß in der musischen Erschütterung, sondern *realiter*, im Lebensvollzuge selbst."[13] Dann aber bleibt die schon von Augustinus aufgeworfene Frage aktuell: Ist Gottes dreifaltige personale Liebe vorstellbar und darüber hinaus adäquat darstellbar in der sichtbaren Institution der Kirche oder gar in den Einrichtungen eines säkularen Sozialstaates? Wie verhält sich die christliche Offenbarung Gottes zu den säkularen Grundwerten einer authentisch humanen Zivilisation? Und was kann unter diesen Vorzeichen von säkularer Religionsfreiheit dann die Mission und der Auftrag der Kirche sein?[14]

Christlich gesehen ist hier eigentlich weniger von Naturrecht als von Schöpfungsrecht die Rede; es geht um den Zusammenhang von Person und Geschichte in der Verantwortung vor dem Schöpfer und Urheber dieser Person und dieser Geschichte. Schöpfung ist ein ty-

13 Josef Pieper, Sakralität und „Entsakralisierung", Sonderdruck 6. Heft „Hochland", München 1969, 16.

14 Vgl. Henryk Slawinski, Religious freedom and the Church`s mission of preaching the Word of God, in: Jan Van Reeth u. a. (Eds.), Secularisation & Europe, aaO, 349-366.

pisch christlicher Begriff: Gott existiert vollkommen sich selbst genügend und erschafft aus freiem Willen Welt und Mensch. Am Anfang steht nicht einfach der Urknall, sondern als Ursache gleichsam des Urknalls und der Evolution handelt Gott, vor allem und wesentlich mit der Erschaffung des Menschen nach seinem Ebenbild. Josef Pieper interpretiert demgemäß Thomas von Aquin (1225-1274): „Das Seiende ist gut, weil es von Gott geschaffen ist; und wer die Vollkommenheit der geschaffenen Dinge schmäht, der schmäht die Vollkommenheit der göttlichen Kraft.“[15] Die Sakralität der grundsätzlich guten Schöpfung impliziert die Sakralität der Person und setzt sich fort in einer entsprechenden thomasischen, johanneisch inspirierten Inkarnationstheologie: „Wer des Glaubens ist, dass der Logos Gottes sich in Christus mit der leibhaftigen Menschen-Natur verbunden hat, der kann unmöglich zugleich annehmen, die materielle Wirklichkeit sei nicht gut.“[16] Dieser ontologischen Feststellung folgt die normative Aussage der Ethik und des Rechts auf dem Fuß: Der Mensch als gewolltes Geschöpf des Schöpfers, als Ebenbild Gottes, hat von Natur aus Grundrechte, ohne Rekurs auf externe Faktoren oder Zuschreibungen, und er ist wenigstens der Möglichkeit nach in der Lage, solche Grundrechte jeder Person einzusehen und anzuerkennen, vor jeder rechtspositivistischen Festsetzung im Sinne etwa eines Hans Kelsen (1881-1973)

15 Josef Pieper, Hinführung zu Thomas von Aquin, München 1963, 181, mit Verweis auf Thomas von Aquin, Contra Gentiles 3, 69.

16 Josef Pieper, Hinführung zu Thomas von Aquin, aaO, 182.

und seiner reinen Rechtslehre.[17] Zugleich aber kommt bereits hier der Gedanke einer Trennung von sakraler und staatlicher Sphäre, einer Differenz von Gott und Mensch einerseits und dem Staat andererseits in den Blick: Das Recht und die Gerechtigkeit der Gesetze müssen grundsätzlich unabhängig von religiöser Begründung Gültigkeit beanspruchen können. Dieser Grundgedanke einer Entsakralisierung des Staates und damit einer Trennung beider Sphären ist von bleibender Aktualität. Das im Hintergrund stehende politische und typisch augustinische Denken meint nicht eine gegenseitige Sprachlosigkeit von Religion und Staat, sondern betont gerade die jeweiligen getrennten Verantwortungsbereiche, die aber, nach christlicher Auffassung, im Ziel der überzeitlichen Personalität des Menschen und seiner Schöpfungsnatur übereinkommen. Die Periode der fortschreitenden Säkularisierung ist also zunächst durch eine fortschreitende Trennung von Kirche und Staat geprägt, diese Trennung aber findet ihr Äquivalent in der Unterscheidung von privatem Ethos und öffentlicher Verantwortung, später deutlich bei Immanuel Kant (1724-1804): zwischen Moralität und Legalität.[18] Diese Kontrastierung ist bereits von Augustinus in den Blick genommen worden, der in seinem bereits erwähnten großen Werk „De civitate Dei" zwei Staaten oder auch zwei Zivilisationen einander gegenüberstellt: Auf der einen Seite steht die Bürgerschaft

17 Vgl. Hans Kelsen, Reine Rechtslehre, hg. von Matthias Jestaedt, Tübingen 2008; ders., Was ist Gerechtigkeit?, Stuttgart 2000.

18 Vgl. Immanuel Kant, Grundlegung zur Metaphysik der Sitten, AA IV 397f., in: Kant's gesammelte Schriften, hg. von der königlich preussischen Akademie der Wissenschaften (=AA), Berlin: G. Reimer, 1900ff; ders., Die Metaphysik der Sitten, AA VI 392.

Gottes, auf der anderen Seite die irdische Bürgerschaft. Beide Arten von Zivilisation werden mit unterschiedlichen Attributen versehen, die Augustinus im zweiten Teil seines Werkes näher beschreibt. Der irdische Weltstaat hat nämlich das pure Überleben des Menschen zum Ziel, während der Bürger des Gottesstaates danach strebt, in der Bindung an überzeitliche Güter und an Gott seine ihm von Gott erschaffene Wesensnatur, seine Gottebenbildlichkeit zur Entfaltung zu bringen. Augustinus illustriert das an der für ihn sehr wichtigen Erzählung von Kain und Abel im ersten Buch der christlichen Bibel, im Buch Genesis, die hier kurz in Erinnerung gerufen sei: „Abel wurde Schafhirt und Kain Ackerbauer. Nach einiger Zeit brachte Kain dem Herrn eine Gabe von den Früchten des Erdbodens dar; auch Abel brachte eine dar von den Erstlingen seiner Herde und von ihrem Fett. Der Herr schaute auf Abel und seine Gabe, aber auf Kain und seine Gabe schaute er nicht. Da überlief es Kain ganz heiß und sein Blick senkte sich. Der Herr sprach zu Kain: Warum überläuft es dich heiß und warum senkt sich dein Blick? Ist es nicht so: Wenn du gut handelst, darfst du aufblicken; wenn du nicht gut handelst, lauert an der Tür die Sünde. Sie hat Verlangen nach dir, doch du sollst über sie herrschen. Da redete Kain mit Abel, seinem Bruder. Als sie auf dem Feld waren, erhob sich Kain gegen Abel, seinen Bruder, und tötete ihn. Da sprach der Herr zu Kain: Wo ist Abel, dein Bruder? Er entgegnete: Ich weiß es nicht. Bin ich der Hüter meines Bruders? Der Herr sprach: Was hast du getan? Das Blut deines Bruders schreit zu mir vom Erdboden. So bist du jetzt verflucht, verbannt vom Erdboden, der seinen Mund aufgesperrt hat, um aus deiner

Hand das Blut deines Bruders aufzunehmen. Wenn du den Erdboden bearbeitest, wird er dir keinen Ertrag mehr bringen. Rastlos und ruhelos wirst du auf der Erde sein. Kain antwortete dem Herrn: Zu groß ist meine Schuld, als dass ich sie tragen könnte."[19]

Es handelt sich hier um eine uralte archaische Erzählung aus der Frühzeit der Menschheit und ihrer Sesshaftwerdung, die den Beginn einer nachdenklichen Erzähltradition mit anschließender Verschriftlichung markiert. Der Mensch in seiner jederzeit sprungbereiten Aggression ist sich selbst zum Rätsel geworden: Wie konnte es nur zu Mord und Totschlag kommen? Stehen Neid und Missgunst an der Wurzel des Bösen, für das eindrucksvoll der Brudermord steht? Und mehr noch: Wie kann es zur Vermeidung weiteren Unheils und weiterer untragbarer Schuld kommen? Braucht es nicht Gott, um das Gute, ja das Bessere, das Überleben und das gute Leben, die Überwindung von Neid und Hass zu bewerkstelligen? Ist nicht ein Gott notwendig, der dem Menschen die einzig letztlich notwendige Frage aller Fragen stellt: Wo ist dein Bruder? Und wird der Mensch nicht erst wirklich zum Menschen in der lebenslangen Antwort auf die Frage Gottes, einer Antwort, die mehr sein muss als die trotzige Ablehnung der Hüterschaft des Mitmenschen und der Behütung des Schwachen? Und schließlich: Reicht die private Tugend der persönlichen Anstrengung und Moral, oder braucht es auf Dauer die öffentliche Tugend des Staates und seiner Gesetze? Ist nicht die Schuld des Schuldigwerdens am Lebensglück des Mitmenschen zu groß, als dass

19 Gen 4, 1-12.

sie allein getragen werden könnte und braucht es nicht die Stütze von Recht und Gesetz im Staat, damit Schuld und Unrecht wenigstens begrenzt und minimiert, wenn schon nicht gänzlich vermieden werden?

Der irdische Staat ist für Augustinus in der Tat ein notwendiges Übel, das im Brudermord von Kain (dessen Name „Besitz" bedeutet) an Abel (dessen Name „Gabe" bedeutet) seinen Ursprung findet, und der das pure Überleben durch ein Mindestmaß an Gerechtigkeit und Grundrecht verbürgen soll: „Von den beiden Eltern des Menschengeschlechts ward also zuerst Kain geboren, der dem Menschenstaate angehört, darauf Abel, der Angehörige des Gottesstaates … Von Kain nun steht geschrieben, dass er einen Staat gründete, Abel aber als Fremdling tat dies nicht. Denn droben ist der Staat der Heiligen, wenn er auch hienieden dessen Bürger erzeugt, in denen er dahinpilgert, bis die Zeit seines Reiches herbeikommt."[20] Dagegen ist die im Weltstaat befindliche Bürgerschaft Gottes, durch die Sakramente begründet und konstituiert, als pilgerndes Gottesvolk charakterisiert, so dass klar wird, dass sich Augustinus die beiden Bürgerschaften als vermischt vorstellt. Die Grenze zwischen Erdenstaat und Gottesstaat verläuft in augustinischer Sicht nicht außen, sondern innen, in der Seele und im Selbstverständnis und in der Motivation eines Menschen, so dass sich dieses *forum internum* einem letzten äußeren totalitären Zugriff des *forum externum* entzieht, da es keine äußere Dualität gibt. Das augustinische Denken vom Staat ist letzt-

20 Vgl. Augustinus, De civitate Dei XV 1, zitiert nach der Übersetzung von Wilhelm Thimme, hg. von Hans Urs von Balthasar, Frankfurt/M. 1961, 121.

lich eschatologisch geprägt; die Bürgerschaft Gottes ist ja eine Gemeinschaft der Lebenden und der Toten, verstanden als Zeit und Raum übergreifende Familie von Menschen, die in Christus ihr Haupt gefunden hat. Daher ist auch die Bürgerschaft Gottes nicht einfach identisch mit der sichtbaren Kirche auf Erden, die selbst ja aus der unsichtbaren Gnade der sichtbaren Sakramente lebt. Die Zugehörigkeit zur Bürgerschaft Gottes findet sich eben im *forum internum* der unsterblichen Seele einer Person, die stets und ständig in ihrem Leben zwischen den augustinischen Gegensatzpaaren *uti* – dem rein egoistischen Nutzendenken – und *frui* – dem Geben und Empfangen selbstloser Liebe – wählen kann.

Aus diesem eschatologischen Denken, das zugleich aber seit Augustinus das politische Denken bis in die Moderne hinein prägt, folgt ein lineares Geschichtsbild, das dem in vielen außereuropäischen Kulturen zu findenden zyklischen Bild der Geschichte entgegensteht, und die Seele des Menschen als im fortschreitenden Fortschritt der Geschichte befindlich denkt. Dabei ist sorgsam zu unterscheiden zwischen biologischer Evolution und ethischer Geschichte, wie wiederum Josef Pieper gegen Teilhard de Chardin (1881-1955) prägnant unterstreicht: „Was aber wirklich geschieht und in Zukunft geschehen wird – das entscheidet sich nicht auf dem Felde der Evolution, sondern auf dem Felde der Geschichte. Dies wirklich Geschehende allein aber betrifft uns unmittelbar; dies allein geht an die Existenz. Die Frage nach dem biologisch-genetischen Potential der Menschheit raubt uns nicht den Schlaf, wohl aber die Frage nach der geschichtlichen Zukunft."[21] Dieser Aspekt von Fortschritt und Geschichte ist typisch für ein solches augustinisch-thomasisch geprägtes Natur- bzw. Schöpfungsrecht, oder sagen wir jetzt besser und präziser: Personrecht. Es ist auch typisch für die gesamte biblische Eschatologie und zugleich für das christliche Denken von Staat und Geschichte, immer unter dem Vorzeichen einer Idee von Heiligkeit, eben von Sakralität: „Das menschliche Sein ist menschlich nur in seiner Geschichtlichkeit, und es kann nur heilig sein, wenn es in eine Zeit der Verwandlung eingebettet ist."[22] Mit dieser Verhältnisbestimmung von Staat und Kirche betont Augustinus einerseits eine Entsakralisierung des Staates, und beschränkt andererseits die Rolle der Religion im Staat. Dennoch hat der Staat aus Sicht der Religion und speziell des christlichen Glaubens eine wichtige und notwendige Aufgabe: Er sorgt für die Sicherheit der Bürger, für Recht und Gerechtigkeit, für politischen Frieden und wirtschaftliche Prosperität. Stets muss aber das Ziel vor Augen stehen: Die Gerechtigkeit, die der weltliche Staat als sein Ziel herstellen muss, findet aus christlicher Sicht im Ideal der Gottes- und Nächstenliebe ihre eigentliche Vollendung. Eben hier liegt der notwendige Mehrwert der Religion,[23] oder besser gesagt: der ethische Überschuss des Glaubens an einen personalen und dreifaltigen Gott, weswegen es etwa kein Zufall ist, dass manche staatlichen Verfassungen in der Welt anhe-

21 Josef Pieper, Hoffnung und Geschichte, München 1967, 44.

22 Philippe Nemo, Was ist der Westen? Die Genese der abendländischen Zivilisation, Tübingen 2005, 41.

23 Vgl. Hans Joas, Braucht der Mensch Religion? Über Erfahrungen der Selbsttranszendenz, Freiburg/Br. 2004.

ben mit einer *invocatio Dei*, einer Anrufung Gottes, etwa das deutsche Grundgesetz in der Präambel,[24] manchmal, wie die polnische Mai-Verfassung von 1791, nicht nur des Gottes der Philosophen, sondern des dreifaltigen Gottes. Dass nämlich Gott nach christlichem Glauben die Liebe ist, als dreifaltiger Gott als Vater und Sohn in der Gemeinschaft der Liebe und im Geist der Liebe lebt, meint keine Nebensächlichkeit, kein bloßes Aperçu der Religionsgeschichte, sondern ist seine Substanz und sein innerstes Wesen, dem das Wesen jedes Menschen als Gottes Ebenbild entsprechen darf und kann – und soll. Hier kommt die Moral ins Spiel: Was Gott gleichsam ohne Anstrengung gelingt – in Liebe leben – und was sein ganzes Sein ist, das gelingt dem Menschen als bloßes Abbild nur mit Mühe: Du, Mensch Gottes, sollst über die Sünde herrschen! Gott braucht keine Mühe der Moral und keine Herrschaft über die Sünde; er ist sein eigener Herr. Im Gegensatz zum Menschen, der ständig in der Versuchung steht, weit unter seinen Verhältnissen und weit unter dem Niveau des Tieres zu leben, zur Bestie grundloser Aggression und Gewalt zu werden.

Diese vorgestellte und der Offenbarung Gottes geglaubte Substanz der Liebe ist zugleich die Substanz des christlichen Glaubens, der damit vom Ursprung an eminent moralische Relevanz eines Sein-Sollens, also einer bestimmten Qualität des Lebens besitzt. Mit diesem Sollen beginnt die Moralität und der moralische Anspruch, der den innersten Kern jeder Legalität und jedes Rechts-

24 Vgl. Peter Schallenberg, Grundgesetz und Marktwirtschaft (= Kirche und Gesellschaft Nr. 461), Köln 2019.

anspruches bildet: Die Legalität setzt sich die Moralität zugleich voraus und ist offen für sie als Entfaltung des legalen Grundwasserspiegels der Normativität. Dahinter steht die Überzeugung, dass ohne Gott und ein von ihm gesetztes Recht – als An-Spruch und An-Rede und damit Ver-Antwortung einfordernd – gar nicht in rechter Weise von der Gerechtigkeit geredet werden könne. Das meint mehr als eine sekundäre Frage von außen, sondern meint ein primäres und grundlegendes Geschenk: da zu sein und zu leben, nicht zufällig und nicht notwendig, sondern schlicht und einfach gewollt: weil Gott es will. Das ist gemeint mit der manchmal etwas rätselhaften Redeweise der christlichen Theologie von der Erschaffung der unsterblichen Seele des Menschen durch Gott im Augenblick der biologischen Entstehung der menschlichen Individualität, nämlich der Verschmelzung von Ei- und Samenzelle im Zeugungsvorgang: Gott gibt die unsterbliche Seele, er schenkt sie der biologischen Kreatur, die sich gerade dadurch vom sterblichen, vergänglichen Tier unterscheidet. Erst so wird der Schimpanse zu Gottes Ebenbild, zum Menschen eben.

Gemeint ist, nochmals mit den Worten von Josef Pieper, die „Situation des Menschen gegenüber Gott: daß nämlich *vor* allem etwaigen Anspruch des Menschen, ja vor der Möglichkeit eines menschlichen Anspruchs immer schon das Beschenktsein liegt, und zwar ein Beschenktsein, das seiner Natur nach niemals wiedergutgemacht, abgegolten, verdient und zurückerstattet werden kann."[25] Mit anderen Worten: Es liegt in der Natur des Menschen, der mit Vernunft und mit Geist begabt ist, sich als Geschenk und als Gabe aus der Hand Gottes, theologisch gesprochen: als Gnade, zu verstehen und mit Hilfe der Gerechtigkeit einem Leben und Handeln der Gnade, der Liebe, Raum zu verschaffen. Der englische Philosoph und Literaturwissenschaftler Clive S. Lewis (1898-1963) erinnert in diesem Zusammenhang und mit Blick auf einen letzten Grundwert der Liebe wiederum an Augustinus: „Augustinus definiert die Tugend als *ordo amoris*, als Geordnetheit der Zuneigungen, wonach jedem Gegenstand die ihm gemäße Art und Stärke der Liebe gewährt wird."[26]

„Wie erkennt man was recht ist? In der Geschichte sind Rechtsordnungen fast durchweg religiös begründet worden: Vom Blick auf die Gottheit her wird entschieden, was unter Menschen rechtens ist. Im Gegensatz zu anderen großen Religionen hat das Christentum dem Staat und der Gesellschaft nie ein Offenbarungsrecht, nie eine Rechtsordnung aus Offenbarung vorgegeben. Es hat stattdessen auf Natur und Vernunft als die wahren Rechtsquellen verwiesen – auf den Zusammenhang von objektiver und subjektiver Vernunft, der freilich das Gegründetsein beider Sphären in der schöpferischen Vernunft

25 Josef Pieper, Das Viergespann. Klugheit, Gerechtigkeit, Tapferkeit, Maß, München 1964, 150.

26 Clive S. Lewis, Die Abschaffung des Menschen, Einsiedeln 1979, 25 (Orig. engl.: The Abolition of Man, or Reflections on Education with special reference to the teaching of English in the upper forms of schools, Oxford University Press 1943).

Gottes voraussetzt."[27] Papst Benedikt XVI. begründet mit diesen programmatischen Worten in seiner Ansprache im Deutschen Bundestag am 22. September 2011 den moralischen und rechtlichen Anspruch des Staates, der als demokratischer Rechtsstaat verfasst ist: Die Wertgrundlagen eines solchen Staates, die so genannten Grundwerte als letzte wertgebundene Grundlage des menschengemäßen und geordneten Zusammenlebens, entziehen sich letztlich einer demokratischen Mehrheitsfindung. Sie verdanken sich nach alter Überzeugung dem Naturrecht: einer in der Natur der menschlichen Vernunft liegenden vorstaatlichen und vorgesetzlichen Einsicht in Gut und Böse, und zwar in Hinsicht auf den Menschen und die menschliche Gemeinschaft. Mit anderen Worten: Wie müssen Mensch und politische Gemeinschaft gedacht werden, um dem Menschen als Person gerecht zu werden? Oder nochmals anders: Wie sieht das Urbild vom Menschen aus, sein Ideal gleichsam, das der Gestaltung einer gerechten Verfassung und eines guten Staates zugrunde liegt? Das entscheidende Stichwort nennt Papst Benedikt XVI. in seinem zitierten Text, wenn er von der schöpferischen Vernunft Gottes spricht. Und Wolfgang Waldstein, auf den der Papst wenige Zeilen später verweist, unterstreicht: „Der erste und wohl wesentlichste

27 Benedikt XVI., Ansprache im Deutschen Bundestag (Verlautbarungen des Apostolischen Stuhls Nr. 189), Bonn 2011, 33; neuerdings auch in: Benedikt XVI., Die Ökologie des Menschen, München 2012, 26-34; ähnlich auch ders., Was die Welt zusammenhält. Vorpolitische moralische Grundlagen eines freiheitlichen Staates, München 2004, in: Ders., Die Ökologie des Menschen, aaO, 13-25; vgl. zum Hintergrund auch Thomas Söding, Kirche in modernen Gesellschaften – Die Gottesfrage in der säkularen Welt, in: Hans-Gert Pöttering u. a. (Hg.), Politik und Religion. Der Papst in Deutschland, Berlin/St. Augustin 2011, 19-30.

Grundzug des seit der vorchristlichen Antike entwickelten Menschenbildes ist das Bewusstsein der Geschöpflichkeit des Menschen. Damit hängen die weiteren Grundzüge zusammen, dass der Mensch in seinem Handeln an objektive Normen gebunden ist, die für ihn erkennbar sind, und dass der Sinn seines Lebens sich nicht in diesem Leben erschöpft."[28] Auch wenn diese Rede vom christlichen Menschenbild und dem daraus ableitbaren Naturrecht als Grundlage der menschlichen Gesellschaft und des Staates keineswegs unumstritten ist, so kann doch im Blick auf die spezifisch christliche Idee des Naturrechts als Schöpfungsrecht mit dem kanadischen Philosophen Charles Taylor festgehalten werden, „der für unsere Entwicklung im Abendland besonders schicksalsträchtige Bruch sei sozusagen der Einschnitt ganz oben gewesen, nämlich der jüdische Gedanke der *creatio ex nihilo* (wie wir heute sagen), durch den Gott ganz aus dem Kosmos herausgenommen und darüber platziert wurde."[29] Mit Francis Oakley kann man in diesem Gedanken der göttlichen Schöpfung geradezu den Ursprung der gleichen und gerechten Demokratie und des Rechtsstaates sehen,[30] und zwar im Gegensatz zur archaischen Monarchie: „Das Königtum ist aus einer ‚archaischen' Mentalität hervor-

---

28 Wolfgang Waldstein, Ins Herz geschrieben. Das Naturrecht als Fundament einer menschlichen Gesellschaft, Augsburg 2010, 31.

29 Charles Taylor, Ein säkulares Zeitalter, Frankfurt/M. 2009, 262, mit Verweis auf Francis Oakley, Kingship, Oxford 2006, 50-57; vgl. auch Charles Taylor, Wieviel Gemeinschaft braucht die Demokratie? Aufsätze zur politischen Philosophie, Frankfurt/M. 2002, zum Hintergrund hilfreich Gregor Buß, Identität – Religion – Moderne. Charles Taylors Kritik des säkularen Zeitalters in Auseinandersetzung mit Stanley Hauerwas und Jeffrey Stout, Münster 2009.

30 Vgl. auch erhellend Paolo Grossi, Das Recht in der europäischen Geschichte, München 2010.

gegangen, die offenbar durch und durch monistisch war. Aus dieser Sicht gab es keine undurchdringliche Schranke zwischen dem Menschlichen und dem Göttlichen."[31] Und Charles Taylor fügt mit Blick auf eine aus dieser Unterscheidung – nicht Trennung! – von menschlicher und göttlicher Welt, von Staat und Gott resultierenden politischen Ethik hinzu: „Das bedeutet, dass von Gott her Forderungen ergehen können, wir sollten mit dem ‚Lauf der Welt' brechen. Von der ‚Weisheit der Welt' (wie Rémi Brague sagt) geht kein Zwang mehr aus."[32] Der hier zustimmend zitierte Rémi Brague fasst seine These unter dem Titel „excès abrahamique", in deutscher Übersetzung „abrahamischer Überschuss" zusammen (im Gegensatz zur archaischen kosmologischen Religion) und nennt als grundlegende Merkmale dieser abrahamitischen Revolution genau die Begriffe von Schöpfung und Erlösung. Er nennt das die „subversivsten Elemente des Abrahamismus" und zählt auf: „Die Schöpfung *ex nihilo*. Gott allein ist Schöpfer, und nichts kann seinen freien Willen einschränken. Die Welt hat einen Anfang in der Zeit. Der Schöpfung unseres sichtbaren Universums ist die unsichtbare Welt von Formen und Engeln, Vermittler in einer kontinuierlichen Schöpfung, vorausgegangen. Die sichtbare Welt wird von einer auf den Menschen ausgerichteten Teleologie beherrscht, welche die Gesamtheit des Geschaffenen in der Sünde, aber auch in der Auferstehung des Fleisches zusammenfasst, um es in letzter Instanz auf

31 Francis Oakley, aaO, 7, zit. bei Charles Taylor, aaO, 261.

32 Charles Taylor, aaO, 262.

Gott selbst auszurichten."[33] Kurz und mit Blick auf die beiden „abrahamitischen" Grundbegriffe von Schöpfung und Erlösung wird von Charles Taylor zusammengefasst: „Unsere Welt ist in Unordnung geraten und muss neu geschaffen werden."[34] Oder etwas ausführlicher: Der Mensch ist in der Lage mit Hilfe seiner Vernunft, also von Natur aus, das Beste – nämlich das Göttliche – über und vor dieser realen Welt zu denken, und zwar so zu denken, dass es richtunggebende Norm für das innerweltliche Verhalten wird. Gott tritt – immer zunächst im Denken der Vernunft – der Welt als Korrektiv gegenüber, mithin: Der Mensch korrigiert sich selbst und die ihn umgebende Welt durch Ethik und Denken. Genau so entsteht in der griechischen Achsenzeit[35] des 7. bis 5. Jahrhunderts vor Christus die Ethik als Reflexion auf das Bessere und auf das Gute schlechthin, auf eine letzte Idee des Menschen, auf ein menschenwürdiges Ideal, kurz: auf das leitmotivisch wirkende Menschenbild.

An dieser Stelle kann festgehalten werden als ein erstes Zwischenergebnis: Das Sein geht dem Sollen, der Logos dem Ethos, das Ideal der Realität, das gute Leben dem richtigen Überleben voraus. Damit aber ist auch klar: Die Person geht der Institution voraus. Das heißt dann aber auch: Transzendenz, verstanden als personaler Gott, ist nur bedingt und notwendig fragmentiert äußerlich und im öffentlichen wie politischen Raum organisierbar. Das

33 Rémi Brague, Die Weisheit der Welt. Kosmos und Welterfahrung im westlichen Denken, München 2006, 198 (Original frz.: La Sagesse du monde. Histoire de l`experience humaine de l`univers, Paris 1999); ähnlich: Ders., La loi de Dieu. Histoire philosophique d`une alliance, Paris 2005.

34 Charles Taylor, aaO, 261.

35 Vgl. Karl Jaspers, Vom Ursprung und Ziel der Geschichte, Zürich 1949.

ist mit der ethischen Rede von Gott letztlich gemeint. Erst kommt das Menschenbild, dann die Detailfragen der im Raum von Technik und Mathematik sich vollziehenden Strategien des Überlebens. Genau hier liegt aber der Wesenskern einer christlich inspirierten und dem Christentum verpflichteten Tugendethik, sodann und darauf aufbauend einer Sozialethik und schließlich einer davon wiederum inspirierten Politik als Kunst des Möglichen und des Zeitlichen im Dienst an der überzeitlichen Würde und Sakralität der menschlichen Person. Zuerst muss nach dem ethisch Guten gefragt werden (und das Böse vermieden oder zumindest gezähmt werden), dann erst kann und soll nach dem technisch Richtigen (und das technisch Falsche vermeidend oder eingrenzend) gefragt werden. Nach christlicher Überzeugung ist der Mensch eben weit mehr Metaphysik als Physik, mehr im Raum der Ethik nach gutem und geglücktem Leben strebend, als im Raum der Technik um möglichst langes und gesundes Überleben besorgt. Freilich: Jeder ist um langes und gesundes Leben besorgt, aber doch nur unter der Voraussetzung eines letzten Sinnes, eines Zieles, einer Antwort auf die Frage „Warum bin ich überhaupt auf der Welt?“ Christlicher Glaube antwortet darauf mit dem Glauben an Gott und seine Offenbarung in Jesus Christus: So ist Gott, so liebenswert und menschenfreundlich. Und so soll und darf der Mensch sein, so liebenswert und menschenfreundlich. Und jede Technik muss diese innere Qualität des Menschen – jedes Menschen als Person – achten und voraussetzen, ohne doch ein Urteil über diese Qualität als Gottesebenbild und mit Menschenwürde begabt fällen zu dürfen. Technik ist richtig, aber nur wenn sie gut ist: Denn die Differenz von Gut und Böse ist der grundlegende Unterschied der metaphysikalischen ethischen Hochebene, im Unterschied und in Überbietung zur Unterscheidung von Richtig und Falsch in der physikalischen Tiefebene. Und hier liegt gleichsam der springende Punkt: Das Gute ist unhintergehbar und unhinterfragbar, es ist, wie der Begriff der Würde[36], nicht mehr weiter begründbar und nicht nochmals nach einem letzten „Warum?" hinterfragbar. Das Gute wird nämlich nicht gut durch gute und nützliche, also eigentlich: richtige Eigenschaften, und ein Mensch hat nicht deshalb Würde, weil er sich als gut und nützlich erweist. Richtig und Falsch hingegen sind und bleiben die grundlegenden Unterschiede der technischen Tiefebene und messen sich immer nach einem letzten Ziel und Zweck, also nach Eigenschaften hinsichtlich eines bestimmten Zieles, das erreicht werden soll. Das letzte Ziel schlechthin aber ist nach dieser metaphysisch-ethischen Auffassung die gute Gesinnung und das gute Gewissen der Person – und diese Person entzieht sich einem letzten Zweck, sondern lebt ganz zweckfrei. Einfach, weil sie es darf und, so der theologische "Exzess" und die christliche Überbietung: weil Gott es so will. Das ist der letzte Sinn der Rede von der Schöpfung Gottes, und es wird unmittelbar der ethische Mehrwert dieser Rede deutlich, dass nämlich keine menschliche Person einer letztgültigen Bewertung unterliegen kann und darf. Paulus nennt diese Versuchung zur

36 Vgl. dazu Heiner Bielefeldt, Auslaufmodell Menschenwürde? Warum sie in Frage steht und warum wir sie verteidigen müssen, Freiburg/Br. 2011; Wilfried Härle, Würde. Groß vom Menschen denken, München 2010; Peter Schaber, Instrumentalisierung und Würde, Paderborn 2010.

Kosten-Nutzen-Abschätzung im Blick auf Personen die Versuchung des Fleisches und formuliert präzis: „Also kennen wir von jetzt an niemanden mehr dem Fleisch nach; auch wenn wir früher Christus dem Fleisch nach gekannt haben, jetzt kennen wir ihn nicht mehr so.“[37] Es ist, wie Paulus ganz hellsichtig bemerkt, eine Versuchung, die auch Gott und jede Form der Religion erfassen kann: beweisen und erweisen zu wollen in zeitlichen und nutzensorientierten Kategorien, welchen Ertrag Gott und Liebe im Raum des möglichst langen und angenehmen Überlebens haben.

Wiederum kommt in gleichsam umgekehrter Perspektive der Begriff der Gnade ins Spiel. Ich selbst und jeder andere Mensch leben weder aus eigenen Gnaden noch von Gnaden des Anderen, sondern von Gnaden eines unsichtbaren Gottes, den kein Mensch je empirisch erfahren hat, den man nur denkt, und zwar um des besten Lebens und des besten Zusammenlebens willen. Das Gute lässt sich als das Bessere denken und dieses wiederum als das Beste und trägt dann den Namen Gott. Freilich denkt und bedenkt das Christentum in der Spur der alttestamentlichen Überlieferung noch mehr: Es denkt über das empirische Wissen hinaus und denkt Gott als Offenbarung, also als Person, die durch Propheten und Gesetzgebung, schließlich in Jesus von Nazareth und in der von ihm gestifteten Kirche, ja auch im Gewissen eines jeden Menschen, sich offenbart und ausspricht. Das alles meint christliches Menschenbild. Und so widersetzt sich das Christentum vom ersten Ansatz her jedem Versuch der

---

37 2 Kor 5, 16.

künstlichen Züchtung oder gar der technischen Herstellung eines Menschen, es steht allein der Bildung und Ausbildung und Erziehung zur Verfügung.[38] Diese aber bedarf eines objektiven Wertefundaments. Daran erinnerte seinerzeit Clive S. Lewis mit dem schlichten und folgenreichen Satz: „Ich frage mich, ob wir uns der Bedeutung der an unseren Schulen verwendeten Lehrbücher hinreichend bewusst sind."[39]

Damit ist ein Stichwort benannt, das im theologischen und politischen Denken des Christentums eine große Rolle spielt, nämlich die Ausbildung und Erziehung des Menschen, und zwar in doppelter Hinsicht: zuerst, so der jüdisch-christliche Gedanke, als Pädagogik Gottes im Lauf der Heilsgeschichte, und nachfolgend genauso durch Ethik und Moralität im Lauf der Lebensgeschichte einer menschlichen Person. Hier leuchtet gleichsam die Forderung Gottes – als Aufforderung zu moralischer Gutheit – auf, die ein ständiges Korrektiv zur Weisheit der Welt bietet: Wie geschieht und wie gelingt die Ausbildung des Gottesebenbildes in der Person und in der Lebensgeschichte eines Menschen? Bildung und Ausbildung sind ja in dieser Sicht immer etwas Abgeleitetes und Zweites, etwas Verfügbares, das dem unverfügbaren Urbild oder der Uridee entsprechen muss, um authentisch zu sein. Gedacht ist an eine der Realität vorausliegende Idealität, deren geistige Erkenntnis erst eine Bewältigung und For-

38 Vgl. Peter Schallenberg, Menschenbildung oder Menschenzüchtung? Zum schwierigen Verhältnis von Mystik und Politik, in: Ders. (Hg.), „Als wögen Tränen unsere Arbeit auf" – Menschliche Arbeit im gesellschaftlichen Wandel, Münster 1999, 249-258.

39 Clive S. Lewis, Die Abschaffung des Menschen, aaO, 13.

mung der Realität ermöglicht und so zu einem sittlichen Lebensentwurf führt. Die Idee des Guten liegt aller Erkenntnis und allem Handeln voraus. Das war präzis die Überzeugung der platonischen Philosophie: „Das Gute ist also ein umfassendes Prinzip des Seins, der Erkenntnis und des Wertes, der letzte Ursprung von allem in ontologischer, gnoseologischer und axiologischer Hinsicht. Das Prinzip wird von allem, was es hervor bringt, klar geschieden: Das Gute ist selbst weder Wahrheit noch Erkenntnis, sondern macht diese möglich und überragt sie noch an Schönheit, und ebenso gibt es den Ideen ihr Sein und ihr Wesen, ist selbst aber nicht mehr Sein, sondern ragt an Würde und Macht noch jenseits des Seins über dieses hinaus."[40] Wenn und insofern Gott als Schöpfer mit diesem ersten Sein als dem Guten schlechthin identifiziert wird, kann auch die biblische Überlieferung von der Erschaffung der Welt und des Menschen präziser und umfassender verstanden werden. Genau das ist dann nämlich mit der alttestamentlichen Rede vom sagenhaften Garten Eden, dem vergangenen Paradies der Idealität, und mit der Rede von der ursprünglichen Gottesebenbildlichkeit des Menschen im Schöpfungsbericht gemeint:[41] Der Kern des Menschen, sein ursprüngliches Wesen also, ist als Ideal gedacht. Es ist gut infolge der Teilhabe an Gottes vollkommener Gutheit – das meint der christlich-jüdische Begriff der Schöpfung und der Erschaffung der Welt –

40 Thomas A. Szlezák, Was Europa den Griechen verdankt. Von den Grundlagen unserer Kultur in der griechischen Antike, Tübingen 2010, 242.

41 Vgl. Odil Hannes Steck, Der Schöpfungsbericht der Priesterschrift. Studien zur literarkritischen und überlieferungsgeschichtlichen Problematik von Genesis 1, 1-2, 4a, Göttingen ²1981.

und damit vom Wesen her auf das Gute und – christlich gedacht – auf Gott hin ausgerichtet. Oder anders: Das Gute ist das Sein und damit wirklich, das Böse ist eigentlich „unwirklich“, *privatio boni*, Abwesenheit von Gutem – was seiner Grausamkeit keinen Abbruch tut, wohl aber tröstlich ist im Blick auf seine mögliche Überwindung! Für das theologische Denken der Scholastik wird die Gottesebenbildlichkeit des Menschen verwirklicht durch seine geistigen Tätigkeiten, oder, in der Sprache der griechischen Philosophie, durch den Unterschied von Handeln (*praxis*) und Machen (*poiesis*), von Ausdruckshandlung und Wirkhandlung, von Tugend ausdrückender moralischer Handlung und Ergebnis herstellendem technischen Machen: „Machen besitzt nur eine indirekte moralische Qualität, weil es seine Wertigkeit vom hergestellten Gegenstand her bezieht. Dem Handeln kommt dagegen *per se* moralische Bedeutung zu, weswegen Aristoteles auch eine hierarchische Ordnung annimmt, der zufolge Praxis höher zu bewerten ist als Poiesis. Bisweilen läuft diese Ordnung darauf hinaus, dass die Ergebnisse von Poiesistätigkeiten dazu verwendet werden, um wertvolle Handlungen zu verrichten. Am deutlichsten zeigt sich die Dominanz der Praxis, wenn Aristoteles behauptet, das Leben als Ganzes habe den Charakter einer Praxis, denn schließlich liege der Zweck des menschlichen Lebens darin, gut zu leben.“[42] Gut meint hier ziemlich exakt das, was wir modern das Glück nennen, und zwar nicht im Sinne eines zufällig und unverhofft zufallenden

42 Marcel Becker, Art. „Praxis / Poiesis“, in: Lexikon der Ethik, Paderborn 2009, 302-305, hier 303.

Glücks in der Lotterie, sondern im Sinn einer umfassenden und vollkommenen vernunftgeleiteten Beglückung des eigenen Lebens im Zusammenleben mit anderen Menschen. Gerade dies ist ja die letzte Sinnspitze einer aristotelischen Ethik, die im Hochmittelalter von Thomas von Aquin mit dem Konzept der Glückseligkeit (als *beatitudo*) aufgegriffen und in den Horizont der Offenbarung (und damit der Theologie) im Anschluß an eine klassische Feststellung zu Beginn der thomanischen „Summa Theologiae"[43] gestellt wird:[44] „Dass jeder Mensch glücklich werden möchte, bedarf keiner Begründung, Eudaimonie ist das für alle evidente letzte Ziel. Zu erreichen ist es nur durch ein Leben, das den Tugenden entspricht. Unter einer Tugend versteht Aristoteles eine feste Grundhaltung (*héxis*, lateinisch *habitus*) der Seele, die die Extreme vermeidet und die richtige Mitte verwirklicht. Dass auch diese als typisch aristotelisch geltende so genannte Mesotes-Lehre ihre Wurzeln bei Platon hat, sei nur am Rande erwähnt. (…) Diese Struktur der richtigen Mitte zwischen gegensätzlichen Formen des Fehlverhaltens findet Aristoteles in allen Tugenden. Ein Leben gemäß den Tugenden führt, wenn äußeres Unglück fernbleibt zu der dem Menschen erreichbaren Glückseligkeit."[45]

Dieses umfassende und unüberbietbare Glück eines vollkommen geglückten Lebens als das Beste je Denk-

43 Thomas von Aquin, Summa Theologiae I 19: „Non pertinet ad liberum arbitrium ut esse felices volumus": Es unterliegt nicht der Willensfreiheit, dass wir glücklich sein wollen.

44 Vgl. Otto Hermann Pesch, Das Streben nach *beatitudo* bei Thomas von Aquin im Kontext seiner Theologie. Historische und systematische Fragen, in: Freiburger Zeitschrift für Philosophie und Theologie 52 (2005) 427-453.

45 Thomas A. Szlézak, Was Europa den Griechen verdankt, aaO, 250.

bare eines Menschen trägt in der ethischen Tradition des Christentums nicht einfach den Namen Gott, sondern den Namen Liebe, sowohl in der alttestamentlichen Hoffnung des Volkes Israel auf den ersehnten Messias, wie auch in der neutestamentlichen Offenbarung des Messias als Jesus von Nazareth. Und zugleich wird auch der Weg der Tugend, der nach Gottes Willen im Leben eines jeden Menschen zu jenem Ziel des besten Lebens führt, als Liebe bezeichnet und in der Offenbarung des Neuen Testamentes breit entfaltet, sodann seit der Zeit der Kirchenväter als ethische Systematik allmählich entwickelt. Beglückt durch den anderen Menschen vor dem Glück des eigenen Lebens stehen dürfen: Genau das ist jetzt mit dem Begriff der Schöpfung als Geschenk, als Gabe und vor allem als moralisch mich verpflichtende Vorgabe des eigenen Lebens, obwohl ich nicht ausdrücklich danach befragt wurde, gemeint, worauf wiederum Josef Pieper mit dem Konzept der Erschaffung hinweist: „Was naturhaft geschieht, das geschieht von Schöpfungs wegen, auf Grund der Erschaffung; und das heißt, es geschieht einerseits aus dem innersten und eigensten Impuls der Kreatur, andererseits stammt der allererste Anstoß dieses Impulses nicht aus dem Herzen dieses gleichen geschaffenen Wesens, sondern aus dem alle Dynamik in der Welt in Gang bringenden Akt der *creatio*."[46] Natur und ihre evolutionäre Zufälligkeit wird als Schöpfung und göttliche Notwendigkeit interpretiert; eine höchst eindrucksvolle geistige Leistung des Menschen bricht sich Bahn; das ist die eigentliche Leistung des Glaubens in jüdischer und

46 Vgl. Josef Pieper, Alles Glück ist Liebesglück, Hamburg 1992, 13.

christlicher Tradition. Gerade durch diesen wesenhaften Bezug zum „vergeistigten Glück“[47] – und nicht bloß durch die Möglichkeit einer empirisch fassbaren Bedürfnisbefriedigung – überragt der Mensch als einziges der Lebewesen den Bereich der empirischen Natur.

Damit hat der Mensch gerade durch seine Möglichkeit (oder auch Verweigerung) der Verwirklichung seiner sittlichen Freiheit zum vollkommenen Glück eine Sonderstellung im Kosmos inne. Der Mensch ist als gewissenhaftes und als politisches Lebewesen das Wesen der Freiheit: Er kann sein Ziel vollkommener Glückseligkeit aktiv und in Zusammenarbeit mit allen anderen Menschen anstreben, so entsteht der Staat, und so entsteht, in der griechischen Frühzeit aus dem Handeln in den griechischen Stadtstaaten, die Politik. Aber der Mensch erlebt sich zugleich auch als Mängelwesen, als durch Defekt und „Ursünde“ je schon in seiner Freiheit zum Guten und zum vollkommenen Glück eingeschränkt. In der christlichen Theologie heißt es: Die Schöpfung Gottes als innerste Wesensnatur des Menschen ist eingeschränkt durch die ebenso zur faktischen Natur des Menschen gehörende Fähigkeit zur Verfehlung und zum Bösen und zur Sünde. Sündigen ist, so zu leben, als ob Gott und das beste Glück nicht existierten, ihn aus dem eigenen Alltag zu beseitigen, zu zweifeln an der von Gott geschenkten eigenen Notwendigkeit, sich und andere für entbehrliche Staubkörner im Universum zu halten. Dagegen, gegen diese tiefsitzende innere geistige Verzweiflung und

47 Vgl. Klaus Demmer, Das vergeistigte Glück. Gedanken zum christlichen Eudämonieverständnis, in: Gregorianum 72 (1991) 99-115.

Verödung des Menschen, muss die wesenhafte, aber gebrochene Freiheit zum Guten und zum Besten gefördert und motiviert werden. Mit anderen Worten: Es braucht Anreizsysteme für den Menschen, damit er im Gewissen sich auf das Gute hin ausbildet und ausstreckt, damit er das Gute in konkreter Gestalt in seinem Leben für attraktiv hält und es in die Tat des Alltags umsetzt. Ohne eine vor Gott abgesicherte Güterabwägung und einen steten Willen zum Verzicht wird diese Grundentscheidung des Gewissens zum Guten nicht gelingen, ja, wird das Leben als Ganzes nicht gelingen.[48] Dies charakterisiert nochmals den schon erwähnten christlichen Begriff von Bildung, der ja in deutscher Sprache nicht einfach nur „educatio", also Herausziehung, und auch nicht bloß „formatio", also Formgebung, meint: Gedacht ist darüber hinaus an eine echte Entdeckungsreise ins rätselhafte Innere der eigenen menschlichen Person als unverwechselbare Persönlichkeit, gedacht ist an die tatkräftige Aus-Bildung des Urbildes und des ursprünglichen Gottesebenbildes durch entschiedene Gewissens- und Herzensbildung, damit das Bild des Guten, das Bild des guten Gottes, konkrete Gestalt im Denken und Handeln gewinnt. Solche Bildung ist aber keineswegs nur eine Aufgabe von Individuen im stillen Kämmerlein privater Tugendpflege oder von moralischen Tugendkonventikeln in verschwiegenen Hinterzimmern, sondern ebenso von politischen Institutionen, näherhin von Staat und Wirtschaft: Die guten Strebungen des Menschen sollen durch Anreize gefördert, die

48 Vgl. Peter Schallenberg, „Wenn jemand nicht sein Leben gering achtet …" Christliche Lebensentscheidung in geglücktem Verzicht, in: Intams Review 18 (2002) 240-247.

Versuchungen zum Bösen dagegen durch Sanktionen abgewehrt werden. Denn dem Menschen seit Adam und Eva, aber spätestens seit Kain, fehlen instinktive und unfehlbare Neigungen zum Guten und zum Besten, er neigt zu Fremd- und Selbstzerstörung, er hält ein nur scheinbar Gutes für ein wirklich Gutes und verstrickt sich auf der suchtartigen Suche nach dem Guten im Vorletzten, in der Sünde, im Bösen. Nach christlichem Glauben gehört das zum Erbe des Menschen, auch vor jeder persönlichen und individuellen Schuld. Daher spricht der christliche Glaube, oft und gern missverstanden, von der Ursünde des Menschen und nachfolgend von der Erbsünde der im Menschen eingewurzelten Lieblosigkeit, die sich jedem menschlichen Streben nach Glück stellenweise höchst erfolgreich in den Weg stellt. Albert Görres (1918-1996) unterstreicht wünschenswert prägnant und kurz: „Die Antriebe werden narzisstisch und egoistisch. Sie neigen zum gewaltsamen Sich-durchsetzen.“[49]

Die menschliche Wesensnatur verwirklicht sich also nach europäischer Tradition im Raum gesellschaftlicher und staatlicher Ordnung und Zivilisation. Es bilden sich ethische Traditionen aus, die Wege zu gelungenem und geglücktem Leben erhoffen lassen. Insofern stehen Kultur und Politik im Dienst einer nach vollkommener Vollendung strebenden menschlichen Natur, die ihrerseits nur schwach vorgezeichnete Wege zu dieser Vollendung in den Instinkten findet. Jede Form höherer Kultur oder

49 Albert Görres, Psychologische Bemerkungen über die Erbsünde und ihre Folgen, in: Christoph Schönborn / Albert Görres / Robert Spaemann (Hg.), Zur kirchlichen Erbsündenlehre. Stellungnahmen zu einer brennenden Frage, Freiburg/Br. 1991, 13-35, hier 18.

Zivilisation entsteht durch ein Vernunftrecht, das sich als eine Art kritisches Naturrecht ausweist: Was denkt jeder Mensch von Natur aus und mit seiner Vernunft, die sich nach Auskunft Immanuel Kants als universalisierbar in den Maximen[50] und als prinzipienfest im Bekenntnis zur Selbstzwecklichkeit jedes Menschen[51] erweist, als gut und vollkommen? Und genau hier wird der normethische Begriff der Menschenwürde einzutragen sein, verbürgt er doch in einzigartiger Schärfe Selbstzweck und Universalisierung von Personalität, die für jeden Menschen den Ausgangspunkt geglückten Menschseins darstellt.[52] Das Zueinander von Natur und Kultur zu bestimmen und zugleich die Grenze zwischen einer Ausbildung und einer Zerstörung der ursprünglichen Natur immer neu in den Blick zu nehmen, ist die vornehmste Aufgabe der Ethik, als Individualethik wie auch als Sozialethik. Kultur erscheint dann als notwendiger Humus einer menschenwürdigen Gesellschaft und einer menschenwürdigen Wirtschaft; Kultur bildet die notwendige Ergänzung und Überformung einer in sich gebrochenen Natur. Diese menschliche Natur trägt zwar noch eine schwache Erinnerung an das Beste, an das ursprüngliche Paradies des geglückten Lebens, in sich, ist aber aus sich heraus nicht in der Lage, dieses Glück zu erreichen. Aus dieser Sicht der christlichen Theologie ist daher Jean-Jacques Rousseau (1712-1778), den Jacques Maritain (1882-1973) in einer berühmten Formulierung einmal den „père du monde moderne" ge-

50 Vgl. Immanuel Kant, Grundlegung zur Metaphysik der Sitten, AA IV 421.
51 Vgl. ebd. 429.
52 Vgl. grundlegend Eberhard Schockenhoff, Naturrecht und Menschenwürde. Universale Ethik in einer geschichtlichen Welt, Mainz 1996.

nannt hat,[53] entschieden zu widersprechen, wenn er mit seinem Ruf „Zurück zur Natur" die ursprüngliche Natur einfach wiederherzustellen können glaubt, und zwar durch eine radikal subjektivistische Moral und einen naturalistischen Rationalismus.[54] „Rousseau errichtet einen neuen, einen konsequent subjektiven Maßstab, der Epoche machen sollte. Dieser Maßstab lautet: Übereinstimmung – nicht mit einer objektiven Norm, sondern mit sich selbst."[55] Das Paradies ist auf Erden nicht zu konstruieren; das war noch der Irrtum der neomarxistischen Bewegung nach dem Zweiten Weltkrieg und auch etwa der von Rousseau inspirierten deutschen Reformpädagogik. Aber auch Thomas Hobbes (1588-1679) mit seinem berühmt-berüchtigten Wort „Homo homini lupus est – der Mensch ist dem Menschen ein Wolf"[56] ist aus christlicher Sicht zu widersprechen, wenn er die Natur des Menschen einfach für böse und verderbt hält und nur durch den staatlichen Leviathan zu bändigen glaubt: Das Paradies ist auf Erden, im Geist des Menschen nämlich und in guten Gedanken und in der Öffnung für Gott und seine Offenbarung, bruchstückhaft zu erkennen und auch durch Anreize zum Guten in Umrissen und wenigstens skizzenhaft

53 Jacques Maritain, Trois réformateurs: Luther – Descartes – Rousseau, in: Ders., Oeuvres completes, vol III 1924-1929, Fribourg 1984, 429-655, hier 529.

54 Vgl. Friedrich August von Hayek, Die verhängnisvolle Anmaßung: Die Irrtümer des Sozialismus, Tübingen 1996, 51f.

55 Robert Spaemann, Rousseau – Bürger ohne Vaterland, München 1992, 23.

56 Thomas Hobbes, De Cive V, Widmung an Se. Exz. den Grafen Wilhelm von Devonshire, meinen hochzuverehrenden Herrn, aus Thomas Hobbes` Lehre vom Bürger (Orig. lat.: „Profecto utrumque vere dictum est, Homo homini Deus & Homo homini Lupus". Elementa philosophica de Cive, Amsterdam 1657, 10); in Aufnahme eines Wortes des römischen Komödiendichters Plautus, Asinaria 495.

zu erstellen. Das Streben jedes Menschen nach Glückseligkeit führt, wiederum mit Immanuel Kant gesprochen, zu der Variante des Kategorischen Imperativs, wonach zu tun ist, wodurch der Mensch würdig ist, glücklich zu sein: in Übereinstimmung mit sich als dem Wesen der Sittlichkeit zu leben.[57] Kultur speichert solche menschenwürdigen Mittel der Glücksgewinnung. Gedacht sei etwa an den Begriff der unveräußerlichen Menschenwürde, die der Staat durch ein Grundgesetz oder eine Verfassung und eine nachfolgende Rechtsprechung zu garantieren hat:[58] Es gibt das unveräußerliche Recht des Individuums auf eine würdige, seiner Vernunft und seinen Neigungen angemessenen Glücksstrebung. Daher unterstreicht Otfried Höffe: „Die Neigungen sind übrigens nicht glücksunwürdig, vielmehr für sich genommen unschuldig. Nur die Mittel und Wege sind des Glückes würdig (z. B. Ehrlichkeit) oder aber unwürdig (z. B. Betrug)."[59]

Für das Menschenbild von Staat und Wirtschaft, für ein Menschenbild in der christlich grundgelegten Demokratie heißt das aus Sicht der christlichen Philosophie und Theologie: Dem Individuum und seiner gebrochenen Freiheit zum Guten gebührt der ständige Vorrang vor dem Kollektiv, der Person gebührt der Primat vor der Gesellschaft. Daher wird von Ehe und Familie als der Keimzelle des Staates gesprochen, sie sind naturrechtlich geschützt und jeder rechtspositivistischen Verfügung ent-

57 Vgl. Immanuel Kant, Kritik der praktischen Vernunft, AA V 110; ders. Metaphysik der Sitten, AA VI 482.

58 Vgl. Josef Bordat, Ewiges im Provisorium. Das Grundgesetz im Lichte des christlichen Glaubens, Rückersdorf üb. Nürnberg 2019.

59 Otfried Höffe, Kants Kritik der reinen Vernunft. Die Grundlegung der modernen Philosophie, München 2004, 294, Anm. 46.

zogen. Nicht der Staat hat ursprünglich ein Recht, sondern jede Person hat unveräußerliche Grundrechte, und der Staat hat nur insoweit Recht (einschließlich des Gewaltmonopols), als er bedrohte Rechte von Personen zu schützen hat. Jedem offenkundigen oder auch klandestinen Unterjochen der Person durch einen liberalistischen oder ökonomischen Utilitarismus oder durch totalisierende Gesellschaftssysteme ist entschieden zu widersprechen und zu widerstehen. Aber umgekehrt gilt auch: Die Heiligung und Vervollkommnung des Menschen im Blick auf ein gelungenes Bild vom Glück ist von Staat und Gesellschaft entschieden zu fördern. Es braucht Anreize zur Heilung und zum Guten durch Bildung und Leitbilder. Wenn alles gleich gültig ist aus Sicht des Staates, wenn der Staat sich selbst als gleichgültig gegenüber allen Werten und in diesem letztlich absurden Sinn als wertneutral empfindet, wenn jede Lebensentscheidung und jede Lebensform als vor dem Gesetz und vor der Gesellschaft gleich gültig betrachtet wird, dann ist letztlich alles gleichgültig, dann wird auf Dauer auch der Mensch gleichgültig gegenüber dem wirklich Guten, dann geht es letztlich nur noch um unterschiedliche Optionen höchst unterschiedlicher Individuen, die miteinander nicht mehr teilen als den entschiedenen Willen zum Überleben um jeden Preis. Dieser Wertrelativismus und die damit verbundene Absage an ein gewissensbindendes Naturrecht – wobei Natur für den Rest an nicht manipulierbarer biologischer Zufälligkeit als Substrat menschlichen Wesens steht – wäre das Ende der Menschheit und die Abschaffung des Menschen, vor der Clive S. Lewis mit Blick auf ein überzeitliches und übergeschichtliches Naturrecht hellsichtig schon 1943 warnte: „Das Endstadium ist da, wenn der Mensch mit Hilfe von Eugenik und vorgeburtlicher Konditionierung und dank einer Erziehung, die auf perfekt angewandter Psychologie beruht, absolute Kontrolle über sich selbst erlangt hat. Die *menschliche* Natur wird das letzte Stück Natur sein, das vor dem Menschen kapituliert."[60] Es ist gewiss kein Zufall, dass diese Auseinandersetzung in der Postmoderne besonders heftig auf dem sensiblen Feld der Bioethik tobt, und hier in der Auseinandersetzung mit dem Utilitarismus,[61] berühren sich doch gerade hier in entscheidender Weise biologisch-empirische und philosophisch-theologische Paradigmen, nicht zuletzt im ethischen Grundbegriff von Selbstverwirklichung und Autonomie. Noch einmal ist hier an die zentralen Begriffe von Personalität und Freiheit zu erinnern, wenn vom christlichen und europäisch-abendländischen Menschenbild[62] die Rede ist und von christlicher Demokratie. Freiheit und Personalität gehören zusammen. Eine rechtsstaatliche Demokratie muss sich dieser Verantwortung gegenüber dem gerechten Wohl jeder Person bewusst sein, will sie nicht insgeheim und schleichend zur gut organisierten Räuberbande mutieren. Das jedenfalls meint das Begriffspaar von Athen und Jerusalem, das meint die typisch abendländische Synthese

60 Clive S. Lewis, Die Abschaffung des Menschen, aaO, 62.

61 Vgl. etwa Marcus Düwell, Utilitarismus und Bioethik: Das Beispiel von Peter Singers praktischer Ethik, in: Ders. / Klaus Steigleder (Hgg.), Bioethik. Eine Einführung, Frankfurt 2003, 57-71.

62 Vgl. erhellend Roger-Pol Droit, Das Abendland. Wie wir uns und die Welt sehen, Darmstadt 2010.

von Philosophie und Christentum:[63] Säkularer Staat und theozentrische Religion verbürgen auf unterschiedliche und doch aufeinander bezogene Weise die Personalität des Menschen – christlich gedacht deshalb, weil Gott selbst Person in Vollendung ist. Hier ergeht eine Forderung Gottes an die Weisheit der Welt, die in Gestalt der Kirche zu formulieren ist, auch und gerade im Gegenüber zu einem säkularen Staat und einer säkularen Politik. Und hier gilt das Recht Gottes auf den Menschen als christliche Version des klassischen Naturrechtes.

Damit kann resümiert werden: Das christliche Verständnis von Personalität und Sakralität ist transzendent bestimmt und hat zugleich einen bestimmten Inhalt: Die unbedingte und Notwendigkeit des Seins herstellende Liebe Gottes, der (als Idee und als geglaubter Gott) aller zufälligen Zeit enthoben ist und dem Menschen Anteil gibt an dieser ewigen Liebe und diesem notwendigen Dasein; *actus purus* nannte das die scholastische Philosophie. Die sich mit der Erschaffung des Menschen offenbarende Transzendenz Gottes nimmt aber in der Zeit eine Geschichte auf sich, die durchaus mühevoll ist und mit wenigen straffen und leicht salopp dahin geworfenen Skizzen im Alten Testament konturiert werden kann: Kain will Gott als Glücksfee, das Volk Israel will Gott als Fleischtopf, David will Gott als Bathseba, Ahas will Gott als Immobilienmakler, Maleachis Zuhörer wollen Gott als mathematischen Beweis ersehnter Liebe … Gott antwortet auf diese erschütternde Kette permanenter Missverständ-

63 Vgl. erhellend Winfried Schröder, Athen und Jerusalem. Die philosophische Kritik am Christentum in Antike und Neuzeit, Stuttgart / Bad Cannstatt 2011.

nisse seiner erlösenden und heilenden sakralen Personalität, deren Spuren bis zum Jüngerunverständnis im Neuen Testament verfolgt werden können, mit der abschließenden Offenbarung seiner Liebe in eigener Person und – was oft übersehen wird – in der Person der Kirche und ihrer Sakramente. Mission der Kirche meint: Gabe der Sakramente als Realsymbol der erlösenden Gnade Gottes. Und alles kommt jetzt darauf an, dass jeder Mensch diese Mission versteht und nachvollzieht; mit jeder menschlichen Seele und ihrer Geschichte fängt die Offenbarung neu an. Daher formuliert Paulinus von Aquileja (gest. 802), ein Zeitgenosse Kaiser Karls des Großen (747/48-812), im Anschluss an die berühmten Überlegungen von Augustinus im Sermo 80 einmal prägnant so: „Perfectio non est in annis, sed in animis" – Fortschritt und Vollkommenheit gibt es nicht in den Jahren, nur in den Seelen.[64] Ob es freilich Seelen gibt, die sich aufgrund religiöser Amusikalität dauerhaft einer solchen fortschreitenden Vervollkommnung in der Transzendenz zu entziehen vermögen, ist eine andere und ebenfalls spannende Frage. In jedem Fall ist das augustinische zweifache Reich Gottes der sakralen Transzendenz und der profanen Immanenz ein „Reich des kleineren Übels", da es eine Zivilisation der Freiheit errichtet:[65] Jetzt ist der Mensch kraft seiner von Natur aus gegebenen Vernunft frei, die Sakralität Gottes als unbedingte Person nachzuvollziehen und auszubuchstabieren

64 Paulinus von Aquileja, Liber exhortations, vulgo de salutaribus documenta, in: Patrologia Latina Bd. 99 (1869) 246 A.

65 Vgl. Jean-Claude Michéa, Das Reich des kleineren Übels. Über die liberale Gesellschaft, Berlin 2017 (Orig. frz.: L'empire du moindre mal. Essai sur la civilisation libérale, Climats 2007, Editions Flammation Paris 2010).

in der Sakralität jeder menschlichen Person – oder auch abzulehnen. Näher können sich Gott und Mensch bis zur Vollendung der Welt nicht mehr kommen.

Schlüsselbegriffe

1. Natur und Person

Der Mensch ist Person und hat Natur, so könnte man kurz und präzis formulieren.[66] In dieser Sicht ist der Mensch eine Einheit aus Person und Natur. Etwas abstrakter ausgedrückt: „Die Person subsistiert in ihrer biologischen Natur. Einmaligkeit subsistiert in Wiederholbarkeit."[67] Dabei fällt es der biologischen Natur zu, personale Entfaltung zu schützen wie auch zugleich zu begrenzen. Die Natur gibt Hinweise zur personalen und verantworteten Lebensgestaltung; sie gibt mit anderen Worten zu denken und zu deuten; sie fordert zur Wertung und zur Urteilsbildung heraus. Dies geschieht und ist möglich auf dem Hintergrund der platonischen Unterscheidung von *bios* und *zoé*,[68] von naturhaftem Leben und gutem Leben, von Quantität und Qualität. Hierbei wird näherhin zwischen Gütern auf der einen Seite und Werten andererseits unterschieden: Natürliche Güter, wie etwa Partnerschaft und Familie, Leben, Frieden, können durch ethische Reflexion zu moralisch stark bewerteten Gütern und damit zu Werten aufsteigen. „Die menschliche Natur als unmittelbares Kriterium sittlichen Handelns erscheint als das Ergebnis eines komplexen Verstehensprozesses, der Deuten und Werten gleichermaßen in sich einschließt.

66 Zum Ganzen erhellend Bernhard Fraling (Hg.), Natur im ethischen Argument, Fribourg 1990.

67 Klaus Demmer, Deuten und Handeln, Freiburg/Br. 1985, 135.

68 Vgl. Martin G. Weiß (Hg.), Bios und Zoé. Die menschliche Natur im Zeitalter ihrer technischen Reproduzierbarkeit, Frankfurt/M. 2009.

Für die sittliche Urteilsbildung ist immer relevant, welcher Wert einem Gut beigemessen wird."[69] Die spezifische Natur des Menschen liegt gerade in seiner Fähigkeit zu Selbsterkenntnis und Selbstbestimmung: „sibi et aliis providens", sich und den Anderen vorausschauend, nennt das die scholastische Theologie.[70] Diese typisch menschliche Kompetenz steht im Dienst an der vernunftgeleiteten Formung einer eigenständigen und unverwechselbaren Persönlichkeit aus der Vorgegebenheit der Natur, nicht zuletzt aus der vorgegebenen Tatsache des eigenen Daseins, das uns ungefragt vorgesetzt wurde.

Es ist für den Menschen weiterhin eigentümlich, den Unterschied zwischen „Etwas" und „Jemand" zu kennen,[71] sich selbst nicht bloß als Sache zu behandeln, mithin nicht einfach zum Objekt möglicher Bedürfnisbefriedigung zu werden, sondern ein Bewusstsein seiner selbst zu erlangen, von sich selbst demnach als „Ich" zu sprechen und ein leitendes Selbstbildnis haben zu können. Das kennzeichnet den Geist des Menschen, sein Nachdenken und damit zugleich seine Seele: Die Fähigkeit, sich selbst gegenüber treten zu können und sich selbst befragen zu dürfen. Thomas von Aquin, der große Theologe der scholastischen Theologie des Mittelalters, nennt als höchste Fähigkeit der menschlichen Geistseele die „redi-

69 Klaus Demmer, Deuten und Handeln, aaO, 148.

70 Vgl. zum Hintergrund Frank Rexroth, Fröhliche Scholastik. Die Wissenschaftsrevolution des Mittelalters, München 2018; klassisch auch Josef Pieper, Scholastik. Gestalten und Probleme der mittelalterlichen Philosophie, München 1960.

71 Vgl. Robert Spaemann, Personen: Versuche über den Unterschied zwischen „etwas" und „jemand", Stuttgart 1996.

tio completa ad seipsum“, also den vollkommenen Rückgang auf sich selbst.

Klassisch wird daher der biologische Mensch mit dem metaphysischen Begriff der Person bezeichnet. In diesem Konzept verschränken sich die Übersetzung des griechischen Wortes für Angesicht (prós-opon), das im klassischen griechischen Theater die Maske des Schauspielers bezeichnete, und die Bedeutung des lateinischen Wortes „per-sonare“, also „hindurchtönen“, das auf die tragende und hintergründige Rolle des Trägers der Maske in der dramatischen Handlung hinweist. Dieser verborgene Träger der Maske wird zum Träger des eigentlichen, aber immer verborgenen Wesens, der eigentlichen Identität, so könnte man in moderner Sprache sagen, die hinter der Sichtbarkeit steht. Es ist die Substanz, das als Basis und Grundlage aller äußeren Erscheinung Zugrundeliegende. So bezeichnet der Philosoph Boethius (480-524), fast gänzlich ein Zeitgenosse des Benedikt von Nursia (480-547) am Übergang von der Antike zum frühen Mittelalter den Menschen im Anschluss an das christologische Dogma des Konzils von Chalzedon (451) als „individua substantia rationalis naturae“, also als eine individuelle Substanz mit einer vernunftbegabten Geistnatur: „Wenn somit Person nur in Substanzen, und zwar in vernunftbegabten ist, wenn jede Substanz Natur ist und nicht in den Universalen, sondern in den Individuen ihren Bestand hat, dann ist die Definition von Person gefunden: einer vernunftbegabten Natur individuelle Substanz.“[72] Und in

72 Boethius, Contra Eutychen III 1, in: Martin Brasser (Hg.), Person, Philosophische Texte von der Antike bis zur Gegenwart, Stuttgart 1999, 47-53, hier 50.

seiner berühmteren Schrift „De consolatione philosophiae" aus dem Gefängnis, kurz vor dem Tod, kennzeichnet Boethius den Menschen als vernunftbegabtes Wesen, dessen Vollkommenheit in der Selbstmächtigkeit, modern gesprochen: in der Autonomie besteht: „Ist dir irgendetwas kostbarer als du selbst? Nichts, wirst du sagen. Wenn du also deiner selbst mächtig wirst, wirst du auch besitzen, was du weder jemals verlieren willst noch das Glück dir rauben kann."[73]

Der Gedanke dieser empirischen Unauslotbarkeit des Menschen, der für sich und in seinem Leben und seiner Umwelt verschiedene Rollen spielen kann und dennoch zu seiner letzten Endes tragenden Rolle und zum durchfragenden Selbstverständnis und zu einer unverwechselbaren Lebensgeschichte kommen muss, ist sehr alt und reicht sicherlich bis in vorhomerische Zeiten zurück, auch wenn noch nicht explizit von individueller Intention und eigenem Willensentschluss die Rede war.[74] Man begegnet diesem Gedanken explizit auch in der stoischen Philosophie, und zwar wiederum, in Anlehnung an das griechische Theater, im Vergleich der Rolle des Menschen in der Welt mit der Rolle des Schauspielers auf der Bühne des Theaters. Nach dem römischen Philosophen Cicero (106-43 v. Chr.) und seinen Überlegungen zu den moralischen Pflichten des Menschen – mit der Erörterung der moralischen Ideen des griechischen Stoikers Panetius (gest. um

73 Ders., Trost der Philosophie, hg. von Kurt Flasch, München 2005, 37.

74 Vgl. allerdings einschränkend Larry Siedentop, Die Erfindung des Individuums. Der Liberalismus und die westliche Welt, Stuttgart 2015, 50 (Orig. engl.: Inventing the Individual. The Origins of Western Liberalism, London 2014): „Auffällig ist jedenfalls, dass die homerischen Griechen, die Griechen der *Ilias* und *Odyssee*, noch nicht einmal ein Wort für ‚Intention' hatten."

110 v. Chr.) – trägt der Mensch von Natur aus prinzipiell zwei Masken: „Wir müssen auch beachten, dass wir von der Natur aus gewissermaßen mit zwei Masken (*duabus personis*) bekleidet worden sind. Die eine ist uns gemeinsam auf Grund der Tatsache, dass wir alle an der Vernunft teilhaben und an dem Vorzug, durch den wir den Tieren überlegen sind (…), die andere ist in jeweils besonderer Weise den Einzelnen zugeteilt."[75] Jeder Mensch also ist unverwechselbares und absolut einmaliges Individuum und zugleich Träger einer universalen und allen Menschen in gleicher Weise zukommenden Menschenwürde. Damit aber noch nicht genug; Cicero fährt fort: „Und zu den beiden oben erwähnten Masken kommt noch eine dritte hinzu, die uns die jeweiligen Zufälle und Zeiten auferlegen, ferner eine vierte, die wir selbst uns nach unserem Ermessen anpassen. Denn Reiche, Befehlsgewalten, Adel, Ehren, Reichtümer, Machtmittel und deren Gegenteil werden, da sie auf Zufall beruhen, von den Zeitumständen bestimmt; aber von unserem eigenen Willen hängt ab, welche Maske (*quam personam*) wir selbst tragen wollen."[76] Sehr schön unterscheidet Cicero hier zwischen der äußeren Welt der zeitlichen Zufälle und der inneren Welt des menschlichen Willens zur Gestaltung der Zeit; genau hier sieht er eben die Eigenart jeder menschlichen Person in ihrer Lebensgeschichte begründet. Nach Cicero enthält eine jede solche schauspielerische Rolle vier Grundzüge: die Verknüpfung von Sprechen und Handeln, sodann individuelle Charakterzüge, die Bewährung der

75 Cicero, De officiis I 107.
76 Ebd. I 115.

handelnden Person in konkreten Situationen, schließlich die Notwendigkeit der Entscheidung für eine bestimmte Rolle im Theaterstück des Lebens. Demgemäß gilt der Mensch als Person, denn: Er handelt nach vorhergehenden und nachdenkenden Urteilen, er handelt aufgrund eigener persönlicher individueller Talente, er bewährt sich in unvorhersehbaren und konkreten Situationen, er wird zum „Selbst“ einer eigenen Identität und einer eigenständigen Persönlichkeit durch seine bewusste Wahl und Entscheidung für ein tragendes Lebensprojekt. Im Hintergrund steht ein sich abzeichnender erster Begriff von Menschenrecht und Personwürde, die im römischen Recht verankert werden:[77] „Dieses entscheidende Element des Personalismus hat Cicero der griechischen Theorie von der universellen menschlichen Natur nur hinzufügen können, weil das römische Recht zuvor die Bedingungen einer sozialen und institutionellen Anerkennung der Rechte, der Freiheiten und des dauerhaften Bestandes der Person geschaffen hat.“[78] Und ähnlich unterstreicht Larry Siedentop mit Blick auf den sich entwickelnden Individualismus in der Stoa: „Mit seiner strengen Forderung nach Selbstbeherrschung verschärfte der Stoizismus die These von der Herrschaft der Vernunft, die vor allem die Leidenschaften vollkommen unter Kontrolle halten sollte.“[79]

---

77 Vgl. Wilfried Härle, Würde, aaO; Markus Rothaar, Die Menschenwürde als Prinzip des Rechts. Eine rechtsphilosophische Rekonstruktion, Tübingen 2015.

78 Philippe Nemo, Was ist der Westen?, aaO, 30.

79 Larry Siedentop, Die Erfindung des Individuums, aaO, 63.

Damit ist der Begriff der Individualität und des mit Vernunft und Willen ausgestatteten Individuums im Blick, und zugleich damit der spezifisch ethische Weg von der Person zur Persönlichkeit. Als Individuum ist nach christlicher Auffassung jeder Mensch einzigartig und von unvergleichlicher Würde bestimmt; das war gegenüber der strikten und absoluten Eingebundenheit der Personen in den antiken Familienverband und in das Gefüge der *polis* oder der *res publica* ganz neu. Wesentlich liegt das an Paulus und seiner Idee der Erlösung aller Menschen durch Kreuz und Auferstehung Christi: „Die paulinische Christusvorstellung bringt die Annahme zu Fall, die bis dahin das antike Denken beherrschte, die Idee der natürlichen Ungleichheit. Stattdessen setzt Paulus auf die Gleichheit der Menschen."[80] Und zugleich kommt dieses Individuum zu einzigartigen und unverwechselbaren Lebensentscheidungen und Handlungsweisen, die erst aus der noch unbestimmten Person eine ganz bestimmte Persönlichkeit werden lassen. Eine solche Persönlichkeit gewinnt Profil, sie steht buchstäblich dem Wortsinn nach immer durch ihre eigentümliche Existenz vor der Reihe (*pro filum*) der Mitmenschen, sie exponiert sich in ungeschützter Weise und macht sich in einem eigenen Lebensentwurf angreifbar und verletzlich. So gesehen nimmt das Individuum radikal die Last einer letzten Einsamkeit und Unvertretbarkeit auf sich, die im zutiefst eigenen und auch einsamen Sterben einen genuinen Abschluss findet; verlangt ist stets die beherzte „Annahme seiner selbst" und der eigenen Biographie bis in die letzte

80 Ebd., 77.

Lebensstunde hinein: „So wird der Akt des Selbstseins in seiner Wurzel zu einer Askese: ich muss auf den Wunsch verzichten, anders zu sein, als ich bin; gar ein Anderer als der, der ich bin."[81]

Aus der Sicht des christlichen Glaubens gelingt das, weil das tragende Lebensprojekt der menschlichen Person als Individuum nicht zum endgültigen Scheitern verurteilt ist, sondern je schon vorgängig durch den Begriff der zielgerichteten Schöpfung als geglückt erklärt wurde. Oder nochmals mit Romano Guardini (1885-1968): „Wer ich bin, verstehe ich nur in dem, was über mir ist. Nein: in Dem, der mich mir gegeben hat. Der Mensch kann sich aus sich selbst heraus nicht verstehen. Die Fragen, in denen das Wort ‚warum' vorkommt und das Wort ‚ich': warum bin ich so, wie ich bin?, warum kann ich nur haben, was ich habe?, warum bin ich überhaupt, statt nicht zu sein? – sind vom Menschen her nicht zu beantworten. Die Antwort auf sie gibt nur Gott."[82] Hier kommt der Begriff der göttlichen Vorsehung – nicht der Vorherbestimmung – ins Spiel: Gott schafft jeden einzelnen Menschen mit der Eingießung der individuellen Geistseele im biologischen Zeugungsvorgang, Gott erlöst die menschliche Freiheit zum Guten und Besten eines zur Vollendung strebenden Lebens. Mehr noch: Gott selbst wird gegenwärtig in der Gegenwart und in der Rolle einer jeden individuellen Persönlichkeit. Sein Bild wird in jeder Person durchscheinend und immer neu sichtbar. Menschwerdung Gottes meint nicht einfach nur die Lebensgeschichte des Jesus

81 Vgl. Romano Guardini, Die Annahme seiner selbst, Kevelaer 2017, 18.
82 Ebd., 31.

von Nazareth zwischen 0 und 33 nach Christus, sondern die Lebensgeschichte eines jeden je gezeugten und geborenen Menschen. Mit der Fleischwerdung des göttlichen Sohnes vollendet sich der christliche Begriff von Person. In jeder menschlichen Person und in jeder menschlichen Lebensgeschichte will Gott sichtbar und leibhaft werden, je anders und ganz individuell, aber in gleich gültiger Weise. Jede Lebensgeschichte wird in dieser Sicht zu einer geglückten Geschichte der Gegenwart Gottes in der Welt, die von der menschlichen Person als je eigenes Glück durch Tugend angenommen und ausgestaltet oder auch in Freiheit durch Sünde abgelehnt werden kann. Der seine individuelle Rolle spielende Mensch weiß sich als Person zur Persönlichkeit berufen. Das verleiht ihm eine letzte Gelassenheit und eine „heitere Sicherheit und Freiheit", die aus Gott kommt. Er ist auf dem Hintergrund der antiken Vorstellung des göttlichen Theaters wirklich und ganz ernsthaft der spielende Mensch: „Der Mensch aber in der genauen Mitte zwischen Himmel und Erde, der wahre Gnostiker, der Christ, kann nun sein ganzes Leben und alles Geschehen der Welt als ein einziges großes Theater auffassen, da er um die leitenden Geheimnisse hinter der Bühne weiß, ohne in Weltschmerz oder Weltgier zu verfallen."[83]

Der Mensch wird aufgefasst als „Nichts vor dem Unendlichen, ein All gegenüber dem Nichts, eine Mitte zwischen Nichts und All"[84]. Das ist auf den Punkt gebracht

83 Hugo Rahner, Der spielende Mensch, Einsiedeln 1952, 38.

84 Pascal, Pensées, Fragment 72; vgl. auch George Bernanos, Tagebuch eines Landpfarrers, Köln 1956, 364: „Es ist leichter als man glaubt, sich zu hassen. Die Gnade besteht darin, dass man sich vergißt. Wenn aber aller Stolz in uns

die Stellung des Menschen als Person zwischen Natur und Gnade[85], zwischen Welt und Gott, verantwortlich für die Welt und verantwortlich vor Gott. In der Zeit der Hochrenaissance vervollkommnet der italienische Philosoph Giovanni Pico della Mirandola (1463-1494) diesen Gedanken in seinem eindrucksvollen Werk „Oratio de dignitate hominis" mit dem Konzept einer absolut geltenden und allein vom absoluten Gott abhängenden Würde des zur Freiheit berufenen Menschen, dessen Ortlosigkeit in der Natur der Verortung in der Liebe seines Schöpfers gegenüber steht.

gestorben wäre, dann wäre die Gnade der Gnaden, sich selbst demütig zu lieben als irgendeinen, wenn auch noch so unwesentlichen Teil der leidenden Glieder Christi."

85 Vgl. Jürgen Werbick, Gnade, Paderborn 2013.

2. Gottebenbildlichkeit

An der Wurzel der christlichen Rede von der unveräußerlichen und absolut geltenden Menschenwürde steht das entsprechende Menschenbild:[86] Der Mensch ist Abbild des Urbildes. Schon die alttestamentliche Rede von der Gottebenbildlichkeit, markant im ersten Schöpfungsbericht[87] und wieder in Erinnerung gerufen in der Weisheitsliteratur[88], im Anschluss an altorientalische Quellen,[89] weist auf die Zielbestimmung des Menschen als Teil der biologischen Natur einerseits und als Teil der göttlichen Welt andererseits hin.[90] Was ist darunter zu verstehen?

Grundlegend für die katholische Moraltheologie ist seit Thomas von Aquin dessen anthropozentrische Gliederung seines großen systematischen Werkes „Summa Theologiae". Diese verdankt sich wiederum der christozentrischen Struktur seines Denkens: Nach der Gotteslehre und der Schöpfungslehre folgt in der „Summa Theologiae" dann der moraltheologische zweite Teil. Dieser beginnt programmatisch mit den Worten: „Weil nach

86 Vgl. Eilert Herms, Menschenbild und Menschenwürde, Gütersloh 2001.

87 Gen 1, 26f.: „Und Gott sprach: Lasst uns Menschen machen in unserm Bild, uns ähnlich (…) Und Gott schuf den Menschen nach seinem Bild, nach dem Bild Gottes schuf er ihn, als Mann und Frau schuf er sie."

88 Weish 2, 23: „Denn Gott hat den Menschen zur Unvergänglichkeit erschaffen und ihn zum Bild seines eigenen Wesens gemacht."

89 Vgl. Anette Schellenberg, Der Mensch, das Bild Gottes? Zum Gedanken einer Sonderstellung des Menschen im Alten Testament und in weiteren altorientalischen Quellen, Zürich 2011; daneben zum Ganzen Leo Scheffczyk (Hg.), Der Mensch als Bild Gottes, Darmstadt 1969.

90 Vgl. zum Hintergrund Christian Frevel, Wie aus dem Schoß des Morgenrots. Zur Würde des Menschen nach dem Alten Testament, in: IKZ Communio 35 (2006) 120-131.

dem Worte des Johannes Damaszenus (geb. um 650) (De fide orth. 2,12; vgl. De imaginibus 3,20) der Mensch nach dem Ebenbilde Gottes gemacht gilt, insofern mit Ebenbild das Verstandesmäßige und Wahlfreie und durch sich Machhafte bezeichnet wird, so bleibt, nachdem über das Musterbild, nämlich über Gott gehandelt ist, und über das, was aus der göttlichen Macht, ihrem Willen gemäß, seinen Ausgang hat, als Endfolge, sein Bild zu betrachten, das heißt der Mensch, insofern er auch seiner Werke Urheit ist, so er ja freien Wahlentscheid und die Macht zu seinen Werken hat."[91] Dazu kommentiert Josef Pieper in kurzer Präzision: „Dieser erste Satz der Moraltheologie drückt einen Sachverhalt aus, der uns Christen von heute fast ganz aus dem Bewußtsein gekommen ist, nämlich den Sachverhalt, dass die Morallehre zuerst und vor allem Lehre vom Menschen ist, dass die Morallehre das Menschenbild sichtbar machen muss, und dass also die christliche Morallehre über das christliche Richtbild des Menschen handeln muss. Aus dieser selbstverständlichen Grundauffassung, die allerdings, wie die polemische Formulierung zeigt, in ihrer Selbstverständlichkeit schon erschüttert war, stammt, zwei Menschenalter nach Thomas von Aquin, das Wort Eckeharts: die Leute sollen nicht soviel darüber nachdenken, was sie tun sollen;

91 Thomas von Aquin, Summa Theologiae I-II prologus: „Quia, sicut Damascenus dixit, homo factus ad imaginem Dei dicitur, secundum quod per imaginem significatur intellectuale et arbitrio liberum et per se potentativum; postquam praedictum est de exemplari, scilicet de Deo, et de his quae processerunt ex divina potestate secundum eius voluntatem; restat ut consideremus de eius imagine, idest de homine, secundum quod et ipse est suorum operum principium, quasi liberum arbitrium habens et suorum operum potestatem."

sie sollen darüber nachdenken, was sie sein sollen."[92] Die thomanische Sicht geht aus von der Welt der Natur als göttliche Schöpfung. Der Mensch, auf den die ganze Schöpfung zuläuft und der ihre Krone bildet, ist in besonderer Weise als geistiges Ebenbild Gottes geschaffen, was in Vernunft und Wille zum Ausdruck kommt, und nach dem Verlust dieser ursprünglichen Abbildlichkeit infolge des Sündenfalls durch die Menschwerdung Gottes in Jesus Christus wiederhergestellt und durch göttliche Gnade erneuert wird.

Dem zuvor liegt das typisch thomanische Schema von Ausgang (*exitus*) und Rückkehr (*redditus*) der zweiten göttlichen Person, des Sohnes also, der dem vom Haus des liebenden Vaters ausgezogenen Menschen bis in das Elend der Gottverlassenheit und Menscheneinsamkeit nachgeht und ihn mit Liebe zur Liebe des Vaters zurückholt.[93] Von den Kirchenvätern an bis zum Hochmittelalter wird das neutestamentliche Gleichnis vom verlorenen Sohn (oder besser: vom barmherzigen Vater) im Lukasevangelium so interpretiert und entfaltet, nicht zuletzt besonders eindrucksvoll und wirkmächtig bei dem großen Franziskanertheologen Bonaventura (1221-1274): Der Mensch geht als geschaffenes Wesen von Gott aus und soll nach seiner inneren Zielbestimmung kraft seiner Vernunft und seines Willens durch Handlungen der Liebe zu Gott zurückkehren, indem er keine Spur der Verwüstung, sondern ein Leben der Liebe hinter sich lässt und so Gottes Bild in der zeitlichen Welt durch Taten der

92 Josef Pieper, Über das christliche Menschenbild, Leipzig 1936, 10.

93 Vgl. Stefano Fontana, La Sapienza dei Medievali. La filosofia cristiana da San Paolo a Guglielmo di Occam, Verona 2018, 102-139.

Liebe aufleuchten lässt. In diesem Sollen liegt die Quelle der theologischen Ethik auf der Grundlage dieses teleologischen, also zielgerichteten Menschenbildes. Wo aber ein Bild in Vergleich und Beziehung zu seinem Urbild betrachtet wird, da tritt eine Dynamik und Zielausrichtung in das Denken ein, das programmatische Züge annimmt. Denn wenn Thomas von Aquin nach dem Vorwort zum zweiten, moraltheologischen Teil seiner „Summa" nun in der ersten Untersuchung seiner Ethik das Endziel des Menschen erörtert und wenn er dies Endziel des menschlichen Lebens als Glückseligkeit definiert, dann bleibt er zunächst bewusst und deutlich der griechisch-aristotelischen Tradition verhaftet. Er vollendet diese Sicht aber in der christlichen Perspektive der Offenbarung Gottes in Jesus Christus: Der Mensch strebt durch ethisches vernunfthaftes Verhalten nicht zuerst und zumeist nach Zwischenzielen oder nach vergänglichen Gütern, also modern gesprochen: nach der Befriedigung von Bedürfnissen, sondern jeder Mensch strebt als Mensch kraft seiner unsterblichen Geistseele, mit der er den Bereich der vergänglichen biologischen Natur weit überragt, nach einem letzten und unvergänglichen Ziel, nach dem umfassend gelungenen Leben, nach unvergänglichem Glück, das allein der schenken und bewirken kann, der selbst unvergänglich und ewig ist, und den alle Menschen Gott nennen. Dieser Gott aber bewirkt durch das, was die Theologie „Gnade" nennt, also durch seine Selbstmitteilung und seine Freundschaft, die Möglichkeit zum Guten im Menschen.

In dieser Sicht ist dann das Gute ganz Gottes Werk und zugleich ganz das Werk des Menschen: Es besteht zwischen Schöpfer und Geschöpf überhaupt keine Konkurrenz, sondern der Mensch wird in thomanischer Sicht zum Mitarbeiter Gottes und zur Zweitursache, zum Mitarbeiter an der Wahrheit des eigenen und des mit-menschlichen Lebens, das immer auf vollkommene Liebe ausgerichtet ist. Der Mensch ist – scholastisch gesprochen: in Potentialität, also der Möglichkeit nach – Ebenbild des unsichtbaren Gottes, den er sichtbar machen soll, und soll dies – in Aktualität, also in tatsächlicher Wirklichkeit – frei und willig immer mehr werden durch ein tugendhaftes, ein nach Heiligkeit strebendes Leben. Josef Pieper unterstreicht die revolutionäre Aktualität dieser Lehre des Thomas von Aquin, des, wie ihn die Kirche nennt, „doctor communis“, also des allgemeinen Lehrers: „Das also ist die erste moraltheologische Lehre des allgemeinen Lehrers: In der Sittenlehre geht es um die richtige Meinung vom Menschen. Natürlich handelt sie auch vom Tun, von Pflichten, Geboten und Sünden. Aber ihr primärer, alles andere begründender Eigengegenstand ist: das richtige Sein des Menschen, das Bild des guten Menschen.“[94]

Zugleich wird damit ein zweiter Grundgedanke der klassischen griechischen, platonischen Philosophie aufgegriffen und vertieft, und zwar bereits in der späten jüdischen Theologie und in der frühen christlichen Theologie der Schule von Alexandrien: Aus dem antiken „Werde, der du bist!“ wird nun das scholastische Axiom „Das Handeln folgt dem Sein“ (*agere sequitur esse*). Dieser Gedanke darf freilich nicht mit dem naturalistischen Fehlschluss ver-

94 Josef Pieper, Über das christliche Menschenbild, aaO, 11.

wechselt werden, den die neuzeitliche Moralphilosophie seit David Hume (1711-1776) zu recht anprangert, als ob etwa aus den biologischen naturhaften Gegebenheiten direkt auf ein entsprechendes Sollen zu schließen sei, als wenn also die faktische Natur aus sich heraus konkrete Normen entließe. Die Natur des Menschen ist, und das wurde schon betont, in ethischer Sicht immer Vernunftnatur und damit gedeutete Natur, Anstoß zur moralischen Motivierung gebend. Ein Projekt geistiger Art wird an das menschliche Wesen herangetragen, der Mensch befragt sich und seine Wesensnatur nach dem letzten Ziel und nach den leitenden Normen auf dem Weg zu diesem Ziel.

Diese Frage wird theologisch inspiriert und entfaltet durch das Gottesbild, das in der irdisch geoffenbarten zweiten göttlichen Person, in Jesus Christus, aufstrahlt: Wie kann das Bild Gottes durch die Aus-Bildung des individuellen Selbstbildes sichtbar werden? Die katholische Moraltheologie verweist hier zunächst auf die Sakramente als Vermittlung und Gabe der göttlichen Gnade, der göttlichen Gegenwart im Leben der Menschen. Diese heiligmachende und aufrichtende Gnade, wie sie in der klassischen Dogmatik genannt wird, verwandelt die Person und das Leben des Menschen in den Sakramenten, besonders im Sakrament der Taufe mit dem neuen geschenkten Sein der Gotteskindschaft, die eine ursprüngliche Gottebenbildlichkeit aufnimmt, heilt und vollendet. Eine rein philosophische Ethik wäre aus dieser Sicht eine permanente Überforderung des Menschen; eine theologische Ethik entspricht der Gottebenbildlichkeit des Menschen. Gottesbild und Menschenbild der Bibel spiegeln diese Grundstruktur wider und bilden zugleich den zweifachen Rahmen der biblischen Heilsgeschichte, an deren Anfang die Schöpfung und an deren vollkommenem Ende die Ewigkeit Gottes steht.

Der erste Rahmen kann wie folgt beschrieben werden: Das Urbild Gott nimmt im fleischgewordenen Logos, also in zweiter göttlicher Person, sichtbare menschliche Gestalt an. Im ersten Buch des Alten Testamentes heißt es: „Am Anfang schuf Gott …“[95], und der Evangelist Johannes präzisiert am Anfang seines Evangeliums, dieses Leitmotiv der israelitischen Theologie aufgreifend: „Im Anfang war das Wort“, um sodann fortzufahren: „Und das Wort ist Fleisch geworden und hat unter uns gewohnt.“[96] So wird deutlich: Die ursprüngliche Schöpfung vollendet sich in der Erlösung durch Jesus Christus.

Der zweite Rahmen markiert die dem Menschen durch die Schöpfung innewohnende Zielstrebigkeit auf das gute Leben hin, das zunächst ohne Gott vergeblich gesucht und erst durch die Erlösung in Jesus Christus ermöglicht wird. Am Anfang des Alten Testamentes steht der eigenmächtige Griff nach dem Baum der Erkenntnis von Gut und Böse, ein Bild für den Zweifel an Gottes vollkommen genügender Liebe, der sodann die menschliche Nacktheit und Verletzlichkeit fast brutal vor Augen führt. Am Ende der Bibel aber steht die eschatologische Teilhabe am Baum des Lebens, der im Holz des Kreuzes seinen Ursprung hat, durch die Erlösung Christi, des Lammes. Es wird beschrieben in einem widersprüchli-

95 Gen 1,1.
96 Joh 1,1.14.

chen Bild, das die alltägliche Erfahrung dieser zeitlichen Welt überschreitet: „Selig, die ihre Kleider im Blute gewaschen haben! Sie sollen Anrecht erhalten auf den Baum des Lebens und durch ihre Tore eingehen in die Stadt!“[97] An die Stelle des Paradiesesgartens tritt die Stadt, das himmlische Jerusalem, das endgültig geglückte Zusammenleben Gottes mit dem Menschen. Der ursündliche Griff nach dem Baum der Erkenntnis wird geheilt durch die endzeitliche Gabe vom Baum des Lebens. Das umfassend gelungene und geglückte Leben nämlich ist nicht vom Menschen herstellbar, sondern wird von Gott geschenkt.

Theologische Ethik ist damit nicht nur und nicht einmal zuerst Reflexion auf menschliches Verhalten, sondern auf göttliche Handlung. Oder anders gesagt: Wenn die philosophische Ethik auf Ethos im Sinne von individuellem Charakter und gesellschaftlicher Moralität reflektiert, dann fragt die theologische Ethik nach dem Ethos Gottes, dem Charakter und der Gewohnheit Gottes, der ewiges Sein und ewige Gutheit, ewige Notwendigkeit und ewige Liebe ist. Genau aus diesem Grund unterstreicht der Erste Johannesbrief: „Wir haben die Liebe, die Gott zu uns hat, erkannt und gläubig angenommen.“[98] Das gute Handeln folgt der richtigen Erkenntnis, und diese richtet sich auf das menschliche Sein als Ebenbild Gottes. Diese Ebenbildlichkeit besteht im Menschen durch die Schöpfung, verdunkelt und gebrochen infolge der Sünde, wiederhergestellt und vollendet durch die Erlösung in Christus und

97 Offb 22,14.
98 1 Joh 4,16.

jeder Generation zugänglich durch die sieben Sakramente der Kirche, durch die jene einst verlorenen sieben Schöpfungstage durch Gott wiederhergestellt sind.

3. Schöpfung als Natur

Natur wird theologisch als Schöpfung verstanden. Programmatisch heißt es daher zu Beginn der Bibel, im ersten Schöpfungsbericht: „Und Gott sprach: lasst uns Menschen machen in unserm Bild, uns ähnlich. Sie sollen herrschen über die Fische des Meeres und über die Vögel des Himmels und über das Vieh und über die ganze Erde und über alle kriechenden Tiere, die auf der Erde kriechen. Und Gott schuf den Menschen nach seinem Bild, nach dem Bild Gottes schuf er ihn; als Mann und Frau schuf er sie.“[99] Die mythische Auffassung, der Mensch sei nicht das Werk allein der Natur, modern gesprochen: der Evolution, sondern Schöpfung von Göttern oder eines Gottes, bildet kein Proprium der jüdisch-christlichen Tradition, sondern findet sich in den archaischen Mythen der Religionsgeschichte häufig. Bemerkenswert an der jüdischen Überlieferung ist hingegen die doppelte Akzentuierung der alttestamentlichen Erzählung, nämlich der Verweis auf eine naturhafte und auf eine personale Beziehung des Menschen. Diese doppelte Akzentuierung dient der inhaltlichen Konturierung der Gottebenbildlichkeit: Der Mensch ist Gottes Abbild durch seine herrschende und verantwortende Beziehung zu der ihn umgebenden Natur, die ebenso Gottes Schöpfung ist, und durch die personale Beziehung von Mann und Frau.

Das Abbild Gottes wird als Stellvertreter oder Statthalter Gottes betrachtet, der die Würde der Schöpfung und die Würde des Menschen als Abbild der Würde Gottes

99 Gen 1,26-27.

vertritt. Durch seine Geistnatur ist der Mensch Gott ähnlich. Die Vernunftnatur des Menschen bildet die Grundlage für das gottbezogene Denken, Wollen und Handeln. Diese Vernunftnatur ist dem Menschen wesentlich und unverlierbar, sie bildet als grundsätzliche Möglichkeit die nicht hintergehbare Grundlage seiner Würde. Auch der erneute Bundesschluss Gottes mit Noah nach der alles vernichtenden Sintflut unterstreicht nochmals in bildkräftiger Weise: Die Natur des Menschen ist nach der Vertreibung aus dem Paradies, also nach dem Sündenfall des grundsätzlichen Zweifels an Gott als Gott, als dem Besten der menschlichen Existenz, eines Zweifels, der als Möglichkeit im Geist des Menschen schlummerte und beim Erwachen des Geistes für alle nachfolgenden Generationen aktiviert wurde, gefallen, nicht aber restlos zerstört. Durch die Sünde und ihre Folgen ist die Vernunft in ihrer Kraft zur Erkenntnis des Guten verdunkelt und der Wille in der konsequenten Verfolgung des Guten geschwächt. Die Gottebenbildlichkeit ist gebrochen (*natura lapsa*), nicht aber zerstört.[100] Dies ist eine Grundaussage der katholischen Dogmatik, die für die Moraltheologie von großer Bedeutung ist: Der Mensch bleibt, wie das Konzil von Trient (1545-1563) im Rechtfertigungsdekret von 1547 gegen die protestantische Lehre von der völligen Verderbtheit der menschlichen Natur (um der ab-

100 Vgl. Gerhard Ludwig Müller, Katholische Dogmatik, Freiburg/Br. 1995, 137: „Denn auch im Sünder-Status bleibt der Mensch Geschöpf Gottes. Der Verlust der übernatürlichen Gnade läßt den Menschen nicht als ein reines Naturwesen zurück (*in puris naturalibus*). Gerade auch im Verlust der Gnade zeigt sich, dass der Mensch mit sich nur ins Reine kommt, wenn er sich auf das Ziel der Lebensgemeinschaft mit Gott hin transzendieren kann, in der er und auf die hin er konstituiert worden war.

soluten Gratuität der Gnade Willen) unterstreicht, auch ohne die gnadenhafte Erlösung durch Christus und die von ihm eingesetzten Sakramente, also im Zustand einer gefallenen Natur, ein verantwortliches Geschöpf, seinem Gewissen und dem sittlichen Naturgesetz verpflichtet.[101] Daraus folgt: Handlungen, die dem natürlichen Sittengesetz widersprechen, sind auch ohne die Gnade vom Menschen als in sich schlecht (*intrinsece malum*) und daher als immer unerlaubt zu erkennen. Zu denken wäre hier an die direkte Tötung unschuldigen Lebens, Kannibalismus, Folter, Sklaverei oder sexuellen Mißbrauch.

Die vernünftige Geistnatur des Menschen wird in der katholischen theologischen Tradition mit dem Begriff der unsterblichen Geistseele bezeichnet, die den ganzen Menschen formt und geradezu das Informationsprinzip der unbelebten Materie bildet. Die scholastische Theologie bringt es auf die kurze Formel: *anima forma corporis* – die Seele formt und informiert den Körper und so bildet der Mensch eine Leib-Seele-Einheit. Als Leib-Seele-Wesen ist er Abbild Gottes, was im Glaubenssatz von der Auferstehung des Fleisches nochmals deutlich zum Ausdruck kommt und in der Inkarnation der zweiten göttlichen Person in Menschengestalt markanten Ausdruck findet. Damit ist einer spiritualistischen oder dualistischen, auch einer manichäischen Abwertung des Leibes, wie sie in der

101 Vgl. ebd., 141: „Aufgrund einer relativen Unterscheidung von menschlicher Natur und der auf sie einwirkenden Gnade der Rechtfertigung und der Heiligung weist das Tridentinum die Behauptung zurück, dass ‚der freie Wille des Menschen nach der Sünde Adams verloren und ausgelöscht worden sei' (Rechtfertigungsdekret, can. 5: DH. 1555). Daraus folgt, dass der Mensch auch noch im Status der Erbsünde selbst der Täter seiner guten oder bösen Handlungen und nicht ein Spielball in den Händen eines unberechenbaren Gottes ist …"

Theologiegeschichte häufiger zu finden ist, eine deutliche Absage erteilt. Das Gute wird vom Menschen angestrebt mit seinem geistigen Willen und, wie Thomas von Aquin betont, mit dem *appetitus sensitivus*[102], also mit den leib-seelischen Antriebskräften. Oder anders gesagt: Der Mensch hat von Natur aus Appetit auf mehr als das bloße Überleben; er hat zumindest der Möglichkeit nach Appetit auf Gott, dessen Geschöpf er ist.

Auch hier gilt der klassische Satz der Gnadentheologie: „Gratia non destruit sed supponit et perfecit naturam",[103] will heißen: Die Gnade zerstört nicht die Natur, sondern setzt sie voraus und vollendet sie[104]. Gott erlöst die Schöpfung nicht an der Schöpfung vorbei, sondern baut auf den naturhaften Strebungen des Menschen auf. Das heißt für die Moraltheologie: Die reine und vollkommene Liebe zu Gott ist für den Menschen nicht anzustreben ohne die vorausgehende Erfassung der natürlichen sinnenhaften Liebe. Wenn aber der Mensch grundsätzlich und vom Ursprung her immer etwas Gutes anstrebt, dann ist die Abwehr der Sünde und des Bösen nicht primär und nachhaltig durch Verbote, sondern leichter durch die größere und attraktivere Anziehungskraft des wirklich und nachhaltig Guten zu erreichen. Ein einsehbarer oder wenigstens erahnbarer Mehrwert des Guten erscheint für den Menschen attraktiv. Eine bloße Sündenmoral hingegen steht ohne die Attraktivität einer zugrundeliegen-

102 Thomas von Aquin, Summa Theologiae I-II q 25 a 3.

103 Ebd. I q 1 a 8 ad 2.

104 Vgl. zum Hintergrund Johannes Beumer, Gratia supponit naturam. Zur Geschichte eines theologischen Prinzips, in: Gregorianum 20 (1939) 381-406; Bernhard Stoeckle, „Gratia supponit naturam". Geschichte und Analyse eines theologischen Axioms, Roma 1962.

den Tugendethik mit im Wortsinn „appetitlichen“ Idealen, in deren Glanz die verführerische Attraktivität des nur scheinbar Guten und in Wirklichkeit zerstörerischen Bösen verblasst, stets auf verlorenem Posten. Letztes Ideal muss immer das umfassend gelungene Leben sein, und die Moraltheologie steht unter dem Auftrag, das Selbst-Ideal eines jeden Menschen im Gott und Vater Jesu Christi zu verankern und Hinweise zum neu motivierten Handeln zu geben. Wenn es bisweilen etwas kurz und knapp heißt „Der Christ tut nichts anderes, als der Nicht-Christ, er tut es nur anders!“, dann ist genau diese neue Motivation zum immerhin Guten gemeint: Diese neue Motivation speist sich entscheidend aus der Erkenntnis, theologisch: aus dem Glauben, das Gute habe einen Namen und ein Gesicht, nämlich Jesus Christus als die Offenbarung des Vaters.

Mit der Schöpfung und der Gottebenbildlichkeit tritt der Mensch ein in die Geschichte, die Geschichte der Menschheit wie auch die Geschichte des eigenen individuellen Lebens. Jeder Augenblick wird nunmehr zum Anruf Gottes, denn die Weltgeschichte ist durch die Schöpfung und die Menschwerdung Gottes unwiderruflich Heilsgeschichte geworden.[105] Das eigene Leben wird nicht mehr als blindes Zufallsprodukt der Evolution verstanden und gedeutet, sondern als Gabe Gottes zur Gestaltung und zur Ausdeutung. Aus dieser Deutung erwächst die letzte Wahrheit des eigenen Lebens: Die Zeit des Lebens steigt durch die Deutung der eigenen Existenz

105 Vgl. Peter Schallenberg, Heil und Heiligkeit der menschlichen Person, in: Ders., Jenseits des Paradieses. Ethische Anstöße für den Alltag, Münster 2007, 43-53.

auf zur Lebensgeschichte mit Gott. Quantität des Lebens gewinnt hier eine neue Qualität des Sinns: Nicht mehr in der bloßen Ausdehnung von Raum und Zeit wird das Leben sinnvoll gewonnen, sondern in der Erfüllung und gestaltenden Deutung der geschenkten Zeit. Niemand vegetiert als von Gott unbedingt gewollter Mensch einfach im Raum bloßen Überlebens, sondern jeder Mensch handelt und lebt bewusst in der Zeit. Daher formuliert Augustinus wirkmächtig: „Wir sind die Zeiten. Ändern wir uns, ändern sich die Zeiten!“[106] Dahinter steht die leitende Überzeugung, echten Fortschritt gäbe es nicht in äußeren Jahren, sondern nur in der innerlich fortschreitenden Erkenntnis des Guten und je Besseren. Technischer Fortschritt ist festzustellen und zu vererben; moralischer Fortschritt ist oft und vielleicht sogar zu oft gebunden an individuelle Persönlichkeiten, deren Einsichtsstand nur begrenzt in äußeren Institutionen abbildbar ist. Anders gesagt: Mit jedem Menschen muss das moralische Rad neu erfunden werden, jeder Mensch vollzieht eine durchaus sehr individuelle und unverwechselbare Entwicklung, in jeder Biographie muss und kann das Abbild Gottes neu und vorher nie da gewesen anschauliche Gestalt gewinnen. Jeder Mensch ist kraft der Schöpfung und als Abbild Gottes eine individuelle und zugleich eine soziale Person, die in der Entwicklung und Fortbildung der Lebensgeschichte zur Persönlichkeit wachsen soll. Selbstverwirklichung übersetzt sich in dieser Sicht in eine verantwortete Bildung zur Persönlichkeit.

106 Augustinus, Sermo 80: „Bene vivamus et bona sunt tempora. Nos sumus tempora: quales sumus, talia sunt tempora.“

Letzte Selbstverwirklichung freilich ist aus theologischer Sicht von Gott geschenkte Gnade, durch die Erlösung in Jesus Christus, zugänglich in den Sakramenten der Kirche. Daher gibt es in der tatsächlichen Heilsordnung Gottes keine aus sich heraus verstehbare natürliche Gottebenbildlichkeit. Schon der erste Mensch – paradigmatisch dargestellt in der korporativen Persönlichkeit des Adam als Mensch schlechthin – war als übernatürliches Abbild geschaffen und zum übernatürlichen Ziel der Anschauung Gottes, zur *visio beatifica*, bestimmt. Der Mensch, wie Gott ihn gemeint hat, ist immer der nach dem Bild des menschgewordenen Gottes gestaltete Mensch. Die Auffassung vom Menschen, die im thomanischen Begriff der Gottebenbildlichkeit zum Ausdruck kommt, enthält eine Bindung, Hinordnung und Bewegung auf Gott hin, die erst in der Mensch gewordenen zweiten Person Gottes, in Jesus Christus nämlich, ihr definitives Ziel findet, weswegen es kurz und präzis in der Pastoralkonstitution des Zweiten Vatikanischen Konzils heißt: „Christus ist der vollkommene Mensch.“[107] Vollkommen aber an Christus ist primär und vor allem eins: seine unangreifbare Erkenntnis und sein absolutes Bewusstsein der vollkommenen Liebe des Vaters.

107 Zweites Vaticanum, Pastoralkonstitution „Gaudium et spes“ Nr. 22.

4. Gnade

„Mit der Charakterisierung des Menschen *ad imaginem Dei* gehört zur Natur des Menschen nach Thomas von Aquin eine Dynamik hin auf die vollkommene *imago Dei*. Das vollkommene Ebenbild Gottes ist der Erstgeborene alles Geschaffenen, der Mensch gewordene Sohn Gottes Jesus Christus, der in seiner irdischen Existenz den Weg der vollkommen gelungenen Aktuierung des Menschseins verwirklicht, vorgelebt und allen Menschen eröffnet hat."[108] Eine gelungene Selbstverwirklichung des Menschen ist in dieser strikt christologischen Zuspitzung der Anthropologie nur in der lebendigen Beziehung zum Gott und Vater Jesu Christi möglich: Die Erkenntnis und das Leben der Liebe des Vaters schafft Raum für ein Leben aus Gnade, nicht aus Selbstermächtigung. Die immer bedrängende Frage nach dem wirklich und letztgültig gelungenen menschlichen Leben wird von der Auferstehung Jesu Christi her beantwortet und gedeutet, die als unüberbietbarer Deuteschlüssel dem Leben Jesu wie dem Leben eines jeden Menschen letztgültiges Profil verleiht. Insofern vollendet die Gnade der Übernatur in den Sakramenten der Kirche das Wachstum der menschlichen Natur als Gottebenbildlichkeit, und zwar als Wachstum in der Liebe zum Gottessohn Jesus Christus und zum Mitmenschen. Gottesliebe und Menschenliebe gehen eine unlösbare Einheit ein.

Unter der Gnade der Übernatur wird näherhin in der katholischen Moraltheologie das neue Sein der Gottes-

---

108 Klaus Baumann, Das Unbewußte in der Freiheit, Roma 1996, 307.

kindschaft, der neue Charakter des Menschen verstanden, der in der Taufe durch Gott geschenkt wird und zugleich ein neues Bewusstsein von der Unzerstörbarkeit der eigenen Existenz über den naturhaften Tod hinaus verleiht. Der Mensch ist ein Geheimnis und muss lernen, sich selbst verstehen zu können. Dazu hilft die übernatürliche Offenbarung der Liebe des Vaters in menschgewordener sichtbarer Gestalt und gegenwärtig in den Sakramenten.[109] Was im Spannungsbogen des ersten Anfangs der Heilsgeschichte, in der Schöpfungsgeschichte im ersten Buch der Bibel, bis zum zweiten Anfang der Heilsgeschichte, im Prolog des Johannesevangeliums skizziert wird, das fasst das Zweite Vatikanische Konzil an zentraler Stelle mit den programmatischen Worten zusammen: „Tatsächlich klärt sich nur im Geheimnis des fleischgewordenen Wortes das Geheimnis des Menschen wahrhaft auf. Denn Adam, der erste Mensch, war das Vorausbild des zukünftigen, nämlich Christi des Herrn. Christus, der neue Adam, macht eben in der Offenbarung des Geheimnisses des Vaters und seiner Liebe dem Menschen den Menschen selbst voll kund und erschließt ihm seine höchste Berufung."[110] Somit bilden natürliche und übernatürliche Gottebenbildlichkeit eine Einheit, indem sich schöpfungshafte Theozentrik als gnadenhafte Christozentrik enthüllt: Christus, das Bild des unsichtbaren Gottes, ist somit „der vollkommene Mensch, der den Söhnen Adams die Gottebenbildlichkeit wiedergab, die von der ersten Sünde her verunstaltet war."[111]

---

109 Andreas Matena, Das Credo, Paderborn 2009, 70-90.

110 Zweites Vaticanum, Pastoralkonstitution „Gaudium et spes" Nr. 22.

111 Ebd.

Die gnadenhafte Gottebenbildlichkeit ist also Christus-Bildlichkeit, durch die Gabe des Heiligen Geistes, des Geistes der Liebe zwischen Vater und Sohn, der das neue Gesetz der Liebe im Herzen der getauften Christen schafft und wachhält. Dadurch aber, im Sakrament der Taufe und der Firmung, genährt und erhalten in der Eucharistie und immer wieder erneuert und wiederhergestellt in der Beichte, geschieht in wirklicher Weise eine neue Schöpfung: Was Paulus als neue Schöpfung bezeichnet,[112] das nennt Johannes im Nikodemusgespräch bei Nacht (in Erwartung des Lichtes der endgültigen Wahrheit) Wiedergeburt aus dem Wasser und dem Geist,[113] oder auch Geburt aus Gott.[114]

Diese christozentrische Sicht des Menschen steht nicht im Widerspruch zur Vernunft, sie ist freilich auch nicht aus der bloßen Vernunft des Menschen stringent zu beweisen. Wissen und Glauben sind zwei verschiedene Denkarten der menschlichen Vernunft; theoretische und praktische Vernunft sind nicht identisch. Dass der Mensch Gott denken kann, und sei es nur im Widerspruch der Gottesleugnung, sollte zu denken geben. Und die Frage bleibt daher: Wenn dieser Gott und seine Offenbarung in Jesus Christus nicht nur denkbar, sondern als unsichtbares Original jedes individuellen Menschen auch wirklich existent wären – was würde sich ändern für Denken und Handeln, für ein ganzes Leben des Menschen? Das Gegenbild zeigt vielleicht noch deutlicher, was sich ändern würde: „Das erste Bild: Der Mensch, das Ebenbild

112 2 Kor 5,17.
113 Joh 3,3.
114 1 Joh 2,29.

eines Gottes. Das zweite Bild: Der Mensch, das Ebenbild des Affen, oder wenigstens eines sublimierten Affen. Das dritte Bild: Der Mensch, das Ebenbild der Gesellschaft. Das vierte Bild: Der Mensch ist überhaupt kein Ebenbild. Er ähnelt niemandem. Bescheidener gesagt: Das Original ist völlig unbekannt. Ich würde es auch lieber kein Bild nennen, sondern eine unabgeschlossene Serie von nicht verbundenen Bildern."[115]

Dass der Mensch ein „Säugetier von Gottes Gnaden" ist, bildet den unhintergehbaren Referenzpunkt dieser christozentrischen Anthropologie, oder anders: „Die Vorfindlichkeit der wie auch immer zu bestimmenden *natura* kann gelesen werden als Indiz einer ungeschuldeten vorausgehenden *gratia*. *Natura* kann als ein mit dem impliziten Rückverweis auf die *gratia* ausgestattetes Gemachtes, Gewordenes, Sich-selbst-Machendes gelesen werden."[116] Und nochmals anders gesagt, mit Blick auf das Verhältnis von Natur und Kultur und auf die vorgegebene biologische Natur als Grundlage jeder darauf aufbauenden Kultur und Gnade: „Auf der Basis dieser wandelbaren biologischen Grundlage, seiner vorgegebenen Natur, ist der Mensch sich selbst als Aufgabe gegeben."[117]

115 Ludwig Marcuse, Das vierte Bild vom Menschen, in: Darmstädter Gespräche: Ist der Mensch meßbar?, Darmstadt 1959, 184f.

116 Ulrich Lüke, Das Säugetier von Gottes Gnaden. Evolution, Bewußtsein, Freiheit, Freiburg/Br. 2006, 45, ebd. erläuternd: „Die Gnade, so sagt ein Satz der klassischen Gnadentheologie, setzt die Natur voraus, zerstört sie nicht, sondern erhöht und vollendet sie. Die *gratia operans* ist damit keine Zerstörung der zur Menschennatur gehörigen Freiheit, sondern wird zur *gratia cooperans*."

117 Jens Clausen, Die „Natur" des Menschen: Geworden *und* gemacht. Anthropologisch-ethische Überlegungen zum Enhancement, in: Zeitschrift für medizinische Ethik 52 (2006) 391-401, hier 396, mit Hinweis auf Helmuth Plessner,

Wie die natürliche Gottebenbildlichkeit in der Geistnatur des Menschen gründet und sich in vernunftgelenktem Handeln äußert, so wurzelt die übernatürliche Gottebenbildlichkeit in der heiligmachenden Gnade und hat Heiligkeit in Leben und Handeln zur Folge. Hierbei wird näherhin unterschieden zwischen der Gnade Gottes selbst (*gratia increata*) und der Auswirkung dieser Gnade im Menschen (*gratia creata*). Der Mensch erkennt und glaubt nicht nur an die Rechtfertigung durch die Gnade Gottes, er ist wirklich seinshaft gerechtfertigt und neu geschaffen, er hat wirklich Anteil an der göttlichen Natur. Aus diesem neuen übernatürlichen Sein und Leben entfaltet sich das neue übernatürliche Handeln in den drei göttlichen Tugenden von Glaube, Liebe und Hoffnung. Dieses Handeln erwächst aus der neuen Haltung, eben den von Gott geschenkten übernatürlichen Tugenden, die als Form der geschaffenen Gnade die natürlichen Tugenden aufgreifen und vollenden.

Die Stufen des Organischen und der Mensch, Berlin 1965, 309: „Als exzentrisch organisiertes Wesen muss er sich zu dem, was er schon ist, erst machen."

5. Tugend und Pflicht

Die Lehre von den Tugenden ist von zentraler Bedeutung für die Moraltheologie. Gemeint ist, „dass die Ethik der klassischen Theologie als Darlegung des Menschenbildes wesentlich Tugendlehre ist; näherhin: dass sie das Schriftwort von der Vollkommenheit des Christen interpretiert durch das siebenfältige Bild der drei göttlichen und der vier Kardinaltugenden."[118] Dem zuvor steht freilich die grundlegende Möglichkeit des Menschen, sich überhaupt eine Haltung der Tugend anzugewöhnen, demnach eine Ethik des guten und gelungenen Lebens zu erstreben.[119]

Das gute und vollkommene Leben, mithin das Glück schlechthin als letztes Ziel des Menschen, erhält durch die Offenbarung Gottes in Jesus Christus eine neue, nämlich eine personale Form: Die Gemeinschaft mit Christus erscheint als Vollendung der naturhaft erstrebten, vollkommenen Glückseligkeit, als ewige Glückseligkeit, als *beatitudo perfecta*. Die Nachfolge Christi im eigenen, persönlich-unverwechselbaren Leben leuchtet als Weg zu diesem Ziel auf. Der Christ lebt und handelt nicht zuerst aus Pflicht, sondern aus der inneren Sehnsucht, Christus gleichförmig zu werden und auf seine erlösende Liebe durch das eigene Leben und Sterben antworten zu dürfen. Diese Sehnsucht, die im naturhaften Menschen spurenhaft vorhanden ist, wird im übernatürlich begnadeten Menschen durch den Hl. Geist begründet. Wenn

118 Josef Pieper, Über das christliche Menschenbild, aa0, 16.

119 Vgl. Anselm Winfried Müller, Was taugt die Tugend? Elemente einer Ethik des guten Lebens, Stuttgart 1998; Klaus Peter Rippe / Peter Schaber (Hgg.), Tugendethik, Stuttgart 1998.

es wahr ist, dass jedes Verhalten aus einer zugrunde liegenden Haltung erwächst und jede Haltung ihren festen Stand in einem letztgültigen und nicht weiter bezweifelbaren Halt hat, dann wurzelt demnach das Verhalten und jede Handlung des Christen in jener Haltung gelebter Gnade, die sich in verschiedenen Tugenden auffächert. Der zugrunde liegende Halt ist die Christusbildlichkeit: das feste Bewusstsein, von Christus ewig geliebt und ewig berufen zu sein. Das Leben gelingt, sofern es nur gelingt, die innere geschenkte Haltung der Gnade in allen einzelnen Handlungen durchzutragen, kurz: sich und dem inneren Christusbild – der inneren Sehnsucht, seinem Bild zu entsprechen! – treu zu bleiben durch alle Fragmente und Wechselfälle der eigenen Lebensgeschichte hindurch. Das meint weit mehr als eine bloße Erfüllung von Pflichten, Normen und Geboten; all dies verbliebe letztlich doch noch im Raum einer bloß äußerlichen und angestrengten Legalität. Vielmehr tritt die Leichtigkeit der Tugend an die Stelle der mühsamen Pflichterfüllung. „Daher ist es auch richtig, das Gelingen des Lebens, das wahre Glück nicht in der Normerfüllung, sondern in der Verwirklichung von Tugend zu sehen, wie das in der ethischen Theorie Aristoteles getan hat."[120] Und in der Tat wird wiederum die natürliche Bestimmung der Tugend in der griechischen Antike und ihre Ausfaltung in den Kardinaltugenden in der Tugendethik des Thomas von Aquin aufgenommen und vollendet in den göttlichen Tu-

---

120 Wolfgang Kluxen, Normative und entwerfende Vernunft: Das Ethos und die Tugend, in: Ludger Honnefelder (Hg.), Sittliche Lebensform und praktische Vernunft, Paderborn 1992, 105-125, hier 119.

genden, die eine Folge der Einwohnung des Hl. Geistes im Getauften sind.

Am Beginn steht jedoch zunächst die schlichte Alltagserfahrung, die Wilhelm Busch (1832-1908) lapidar in die Worte kleidet: „Tugend will ermuntert sein, Böses kann man von allein." Tugend hat es immer auch schon mit der Kehrseite, also mit Untugend, Laster oder gar Bosheit zu tun. Das Gute evoziert unmittelbar auch sein Gegenbild, das Böse, hier verstanden als *privatio boni*, als schiere Abwesenheit von Gutem, als Defizit an Gutheit, als Fehler, Sünde und Schuld. Der Alltag neigt, trotz hehrer Vorsätze und großer Ideale, zur Einebnung der hochgespannten Ideale und Tugenden. Allzu leicht gerät man auf eine zunächst kaum merklich abfallende, bald aber deutlicher abschüssige Bahn kleiner und scheinbar unbedeutender Alltagsbosheiten. Jeder Mensch erfährt im ganz konkreten Leben leibhaft und spürbar das, was die katholische Theologie Erbsünde nennt: Das Gute verbleibt sehr häufig auf der belanglosen Ebene allgemeinster Vorsätze; der Gleichgültigkeit und der Bosheit bleibt der weite Raum konkreter Alltagspragmatik überlassen. Innere Überzeugungen und Ideale verkümmern so unbemerkt zu Sonntagstugenden, von denen der Alltag sich weitgehend unbeeindruckt zeigt. Mancher fremde und eigene Missmut über ein lebensfernes Sonntagschristentum mag mit diesem verhängnisvollen Bruch zu tun haben. Die Folge davon ist eine innerlich die Seele todsicher verödende Doppelmoral. Wie der französiche Moralist François de La Rochefoucauld (1613-1680) treffend herausstellt: „Die Heuchelei ist eine Huldigung des Lasters an die Tugend!"

Die Schwächen des Alltags neigen zur Verborgenheit, die als Heuchelei doch das Gegenbild möglicher Tugend mehr enthüllt als verschleiert. Bisweilen führt dies paradoxerweise dazu, dass – insbesondere in der gründlich desillusionierten Moderne, seit Thomas Hobbes' (1588-1679) bösem Wort, der Mensch sei dem Menschen ein Wolf! – ein überwiegend düsteres Bild vom Menschen und seinen ethischen Möglichkeiten vorherrscht. Im Gefolge der Frankfurter Schule ist vollends alles kritisierbar und durchschaubar geworden: „Moral gilt als Heuchelei, Glück als Selbstbetrug."[121] Dieser permanenten Haltung eines moralischen Defätismus wehrend, wäre der Blick zu lenken auf die verborgenen Tugenden des Alltags, die ohne viel Aufhebens praktiziert werden. Gefragt ist eine Ermunterung zur Tugend in doppelter Weise: im Sprechen von der schon erreichten und im Suchen nach der noch ausstehenden und anzustrebenden Tugend.

Solche Ermunterung mag im zeitgenössischen Kontext antiquiert erscheinen, erinnert doch der Aufruf zur Tugend unwillkürlich an die leicht verkniffene Mahnung zu einem Leben konventioneller Spießbürgerlichkeit. Bemerkenswerterweise hat in der Tat die Deformierung der Tugend (und parallel dazu eine grundlegende Veränderung des Begriffs vom Gewissen) ihren Ursprung in der Aufklärung des 18. Jahrhunderts, indem nämlich das Verständnis für den Begriff der Gnade schwindet und die Anstrengung der Tugend an die Stelle der geschenkten Gnade tritt: „Der moralisch-politische Endzweck des 18. Jahrhunderts ist eine aufgeklärte bürgerliche Gesellschaft,

121 Joseph Ratzinger, Wendezeit für Europa?, Einsiedeln 1991, 11.

die unter dem Leitmotiv der Tugend steht; das Mittel dazu ist die Einschärfung eines ‚vorhergehenden' Gewissens."[122] Im Hintergrund steht das leitende Anliegen der Aufklärung, Anleitung zum „Ausgang des Menschen aus seiner selbstverschuldeten Unmündigkeit"[123] zu sein, eine heteronom erscheinende Unmündigkeit, die nicht zuletzt in einer protestantisch-calvinistischen Version als quälend sinnloses, ja menschenunwürdiges Warten auf eine höchst ungewisse Gnade Gottes erschien. Moralische Unmündigkeit war demzufolge stets und notwendig – nicht mehr aber not-wendend! – mit einem nachfolgenden Gewissen der Selbstanklage und der einzig verbleibenden Hoffnung auf Begnadigung, moralische Mündigkeit hingegen mit einem vorhergehenden Gewissen der selbst errungenen Tugend verknüpft.

Dieser Paradigmenwechsel von der Gnade zur Tugend wirkte sich natürlich auch aus auf das Verständnis und die Prägung einer Gesellschaft, die ohne die Begriffe wie Schuld und Gnade auszukommen meint und damit zu einer Gesellschaft rein bürgerlicher Legalität wird, in der niemand schuldig zu werden braucht, weil es gerecht zugeht. Erst so entsteht ein höchst moralisierender Begriff von Tugend, der zugleich an die Stelle des nachfolgenden Gewissens der Gnade die vorhergehende Gewissheit der Tugend setzt und an die Stelle des scholastischen Urteilsgewissens über die vollbrachte Handlung ein moralisches Gewissheitsgefühl vorgängiger Pädagogik. Vor dem Hin-

---

122 Hans Dieter Kittsteiner, Gewissen und Geschichte, Heidelberg 1990, 172; vgl. ders., Die Entstehung des modernen Gewissens, Frankfurt/M. 1991.

123 Immanuel Kant, Beantwortung der Frage: Was ist Aufklärung?, In: Berlinische Monatsschrift, 1784, H. 12, 481.

tergrund dieses bürgerlichen Tugendbegriffs jedenfalls hat die Rede von der Tugend kaum noch Prestige, sie wird höchstens noch einem sakral-religiösen Kontext zugeordnet, nicht mehr jedoch innerlich verbunden mit der Vorstellung umfassend geglückten Menschseins. Tugenden erscheinen nunmehr als pragmatische Umgangsregeln zur möglichst vorgängigen Zügelung von Leidenschaften.[124]

Natürliche Tugenden

In der klassischen Tradition der Ethik gilt zunächst einfach: Ein tugendhafter Mensch ist ein Mensch, wie er sein soll, eine integrierte Persönlichkeit. „Tugend wächst aus frei verantwortlichem Handeln. Ja, man könnte Tugend als gerichtete, ge-ziel-te Verantwortlichkeit bezeichnen."[125] Nun lebt jede Persönlichkeit je schon in Beziehung. Die Tugend selbst meint also eine Beziehung. Aristoteles, der sich zuerst systematisch mit der Tugend beschäftigte und sich vor große Schwierigkeiten der Rede von der Tugend gestellt sieht, da er meint, man habe es bei der Tugend oft mit einem *anonoumon* zu tun, also mit etwas, das ohne Namen ist,[126] bezeichnet die Tugend als

124 Vgl. zum Hintergrund Otto Friedrich Bollnow, Wesen und Wandel der Tugenden, Frankfurt/M. 1958; Alasdair MacIntyre, Der Verlust der Tugend. Zur moralischen Krise der Gegenwart, Frankfurt/M. 1995; Hans-Joachim Höhn, Fortwirkungen des Tugendgedankens in modernen Ethiken, in: Markus Vogt / Wilhelm Korff, Gliederungssysteme angewandter Ethik. Ein Handbuch, Freiburg/Br. 2016, 396-424.

125 Bernhard Fraling, Spirituelle Aspekte der Tugendethik, in: George Austin u. a. (Hgg.), Christliches Ethos und Lebenskultur, Paderborn 2009, 201-222, hier 207.

126 Aristoteles, Nikomachische Ethik 1107 b 29; 1108 a 5.

eine Haltung der Mitte, die sich zwischen den Extremen bewegt und die Balance hält, etwa der Sparsamkeit zwischen Geiz und Verschwendungssucht oder der Tapferkeit zwischen Feigheit und Tollkühnheit. Er rät, der Handelnde solle sich verhalten wie Odysseus zwischen Skylla und Charybdis, also zuerst vom stärker Entgegengesetzten abrücken, sodann aufmerksam sein, nach welcher Seite er selbst durch seinen natürlichen Hang gedrängt wird und was sich etwa an Reaktionen von Lust und Unlust zeigt, endlich – obgleich zur Tugend die innere Freude am Guten gehört – sich von oberflächlichen Gefühlsreaktionen der Lust freihalten, um unbestechlicher urteilen zu können. Bemerkenswert ist an dieser Stelle zu vermerken, wie viele Details viel später, im 16. Jahrhundert, Ignatius von Loyola (1491-1556) in seinen Exerzitien von dieser aristotelischen Tugendlehre übernimmt: das *agere contra*, das bewusste Gegensteuern zur besseren Unterscheidung der Geister und inneren Regungen der Seele; die Lehre von der Tröstung und Misströstung mit der dahinter stehenden Überzeugung, das Gute sei der menschlichen Seele entsprechend und angenehm; schließlich die Haltung der inneren Indifferenz zur Beurteilung und Ordnung der ungeordneten Leidenschaften. Aristoteles fasst zusammen: „Die Tugend betrifft die Leidenschaften und Handlungen, bei welchen das Übermaß ein Fehler ist und der Mangel tadelnswert, die Mitte aber das Richtige trifft und gelobt wird.“[127]

Dem Inhalt nach ist die Tugend eine Haltung der Mitte, der Form nach aber höchste Vollkommenheit; eine

127 Ebd. 1106 b 25.

Kunst demnach, die erlernt und verloren werden kann; eine Kunst des geglückten Lebens. Anders gesagt: Die Tugend lässt sich kennzeichnen als eine menschliche Qualität mit drei Hauptmerkmalen: (1) eine Haltung, die zu erwerben ist und verloren werden kann und Seele und Leib qualifiziert; (2) eine Tüchtigkeit oder Fähigkeit, verbunden mit der Bereitschaft zur Verwirklichung und Umsetzung im Alltag; (3) eine ethische Qualität, also eine nicht durch naturale Begabung, sondern durch Tun, Erziehung und Gewöhnung erworbene Handlungsmächtigkeit. Thomas von Aquin fasst diese Erkenntnisse des Aristoteles zusammen in einer ausgefeilten Tugendethik[128] und in dem Satz: „Virtus moralis dicitur consistere in medio, per conformitatem ad rationem rectam" – Moralische Tugend heißt in der Mitte stehen, und zwar im Einklang mit der rechten (richtigen) Vernunft.[129] Die Haltung der Mitte meint in diesem Fall weder Mittelmäßigkeit noch lauen Kompromiss zwischen zwei Lastern. Vielmehr geht es um das rechte Maß menschlicher Energie zwischen dem Exzess des Maximums und dem Defekt des Minimums. Zugleich übernimmt Thomas von Aquin die Definition der Tugend bei Augustinus: „Virtus est bona qualitas mentis, qua recte vivitur, qua nullus male utitur, quam Deus in nobis sine nobis operatur" – Tugend ist eine gute Qualität des Geistes, durch die man richtig lebt, durch die nichts

128 Vgl. ausführlich Otto Hermann Pesch, Die bleibende Bedeutung der thomanischen Tugendlehre, in: Freiburger Zeitschrift für Philosophie und Theologie 21 (1974) 359-371; Eberhard Schockenhoff, Bonum hominis. Die anthropologischen und theologischen Grundlagen der Tugendethik des Thomas von Aquin, Mainz 1987.

129 Thomas von Aquin, Summa Theologiae I-II q 64 a 1.

Böses gebraucht wird, die Gott in uns, aber ohne uns bewirkt.[130] Spätestens hier wird dann deutlich: Es handelt sich um eine zur zweiten Natur gewordene Leichtigkeit zum Guten hin; und diese zweite Natur wird nach christlicher Auffassung nicht einfachhin erworben, sondern von Gott gnadenhaft in der Geistseele eines Menschen bewirkt. Stets jedoch und lebenslang bleibt der Weg der Tugend eine Gratwanderung, die eine beständige Unterscheidung der Geister, der Motive und der Neigungen, ja der verborgensten Sehnsüchte und Wünsche verlangt. Das Gute, mit einem Wort, verlangt nach der steten Gewöhnung durch die Tugend. Dazu gehört auch die beständige Einübung in gute und richtige Entscheidungen angesichts einer individuell befristeten Lebenszeit.[131]

Moralische Tugenden: Kardinaltugenden

Die Tugenden von Klugheit, Gerechtigkeit, Tapferkeit und Maß werden traditionell als Kardinaltugenden bezeichnet, weil sie – nach dem lateinischen Wort „cardo" für Türangel – wie eine Türangel eine vernunftgeleitete Öffnung des Menschen zu Mitmensch und Welt ermöglichen.[132] Sie bilden gleichsam das Scharnier zwischen

---

130 Ebd. I-II q 55 a 4.

131 Vgl. hierzu grundlegend Klaus Demmer, Die Lebensentscheidung. Ihre moraltheologischen Grundlagen, Paderborn 1974.

132 Vgl. ausführlich Josef Pieper, Das Viergespann. Klugheit – Gerechtigkeit – Tapferkeit – Maß, aaO; daneben Arnold Geulincx, Ethik oder Über die Kardinaltugenden, Hamburg 1948, zu denen der Autor des 1665 zuerst herausgegebenen Werkes allerdings, abweichend von der Tradition, zählt: Fleiß, Gehorsam, Gerechtigkeit und Demut!

einer guten inneren Motivation und einer gelungenen, guten und richtigen äußeren Handlung, und damit zu einem umfassend gelungenen Menschsein. Es sind grundlegende Tugenden des menschlichen Zusammenlebens, und sie werden in der Tradition zu den moralisch erworbenen Tugenden gezählt (*virtutes acquisitae*). Die Tugend der Klugheit (*prudentia*) geht in dieser Sicht den übrigen Kardinaltugenden elementar voraus und entlässt sie zugleich aus sich. Denn das Gute setzt Wahrheit und Erkenntnisfähigkeit voraus: Klugheit bedeutet zunächst das Wissen um die Wirklichkeit und die stete Bereitschaft, sich nüchtern und ehrlich dieser Wirklichkeit zu stellen. Jede weitere Tugend ist abhängig von der Klugheit, und jede Sünde ist in grundlegender Weise ein Widerspruch zur Klugheit, denn das Gute ist schlicht und einfach das Wirklichkeitsgemäße. Anders gesagt: Sein und Sollen gehören vom Wesen her zusammen. Das Handeln folgt dem Sein, der Mensch sieht das Sein, erkennt deutend dessen innere Wahrheit und versteht so den unabweisbaren Anspruch des Sollens. Freilich entlässt das Sein aus sich heraus kein Sollen, und die ethische Wahrheit ist nicht einfach wie eine mathematische Sachwahrheit in der empirischen Wirklichkeit ablesbar. Vielmehr bedarf es einer deutenden Leistung der Vernunft, um ethisches Sollen als Forderung zu erheben. An der Wurzel steht dabei die Klugheit, um zur Wahrheit der Dinge und zur Wahrheit des eigenen Lebens vordringen zu können. Wo dies nicht oder nur unzureichend geschieht, da verfällt der Mensch der schleichend anwachsenden Selbsttäuschung und dem Narzissmus: bestochen von sich selbst und in ständig verkümmerter Wirklichkeitswahrnehmung. Konkret wird sich die Klugheit äußern in Vorsicht und ethischer Prophylaxe, in Wachsamkeit und geistiger Gespanntheit, in Realismus und in der hohen Kunst des hier und jetzt Möglichen, nicht des Utopischen.

Wird aber die Wirklichkeit so wahrgenommen in ehrlicher Mühe um die objektive Wahrheit des wirklich Guten, so folgt dann die Tugend der Gerechtigkeit (*iustitia*). Sie ist nach Thomas von Aquin der „habitus secundum quem aliquis constanti et perpetua voluntate ius suum unicuique tribuit“ – die Haltung, jemandem durch beständigen und fortdauernden Willen das ihm zustehende Recht zu geben.[133] Wenn die Klugheit der Form nach die erste Tugend ist, da doch alles mit der richtigen und sachgerechten Erkenntnis beginnt, dann ist die Gerechtigkeit dem Inhalt nach die erste Tugend, da doch alles auf die richtige Behandlung der Personen ankommt: Was ist das Recht eines Menschen? Die Gerechtigkeit verbindet vom Anspruch her Individualethik und Sozialethik, da sie auf den Menschen als Individuum und als Sozialwesen blickt. Beide Aspekte sind keineswegs einfach identisch, wie ein Blick auf den barmherzigen Samariter im Neuen Testament beweist: Dieser nämlich handelt barmherzig und gerecht, weil er aus individueller, persönlicher Tugend heraus dem Mitmenschen in dessen existentieller Not hilft und somit dessen Recht auf Hilfe erfüllt. Der Staat aber, der solches individuelles Verhalten institutionenethisch absichern oder gar nachahmen will, kann nur noch gerecht sein, in Abwägung und im Blick auf die vielen ande-

133 Thomas von Aquin, Summa Theologiae I-II q 58 a 1.

ren Menschen im Staat, die ebenfalls ihre Bedürfnisse und möglicherweise ihre legitimen Rechtsansprüche haben.[134] Die Transposition der Gerechtigkeit von der Ebene persönlicher Tugend auf das Feld staatlicher Politik ist gefährdet und höchst kompliziert. Dennoch gilt zunächst: Die Gerechtigkeit als Haltung des Individuums wie des Staates ist eine Haltung unbestechlicher Verantwortung, nämlich Antwort gebend auf die Tatsache, dass jedem Menschen sein Recht zusteht, das lediglich anerkannt, nicht aber zuerkannt werden müsste. Hieraus erwächst der neuzeitliche Begriff der unveräußerlichen Menschenwürde, die mit der unveräußerlichen Gottebenbildlichkeit, wie sie die Bibel bezeugt, [135] eine glückliche Symbiose eingeht: Jede menschliche Person ist von Natur aus von Gott mit Recht und Würde als Ebenbild Gottes ausgestattet – und dies bildet wiederum den innersten Kern des vorstaatlichen Naturrechts. Der Staat als die jeder Person nachfolgende und in ihrem Dienst stehende Institution muss dies unveräußerliche Menschenrecht und die ihm vorausliegende Menschenwürde ohne Abstriche anerkennen, sonst zerstört er sich auf Dauer selbst.[136]

In der Sicht von Augustinus entsteht die Gerechtigkeit als notwendige Tugend erst nach dem Sündenfall des Menschen und nach dem Brudermord des Kain an Abel: Jetzt nämlich ist sie Feststellung und Zuteilung des Rechtes durch Gesetz, notfalls durch Zwang, zum Schutz zu-

134 Vgl. Otfried Höffe, Vernunft und Recht. Bausteine zu einem interkulturellen Rechtsdiskurs, Frankfurt/M. 1996.

135 Vgl. zum Hintergrund Annette Schellenberg, Der Mensch, das Bild Gottes? aaO.

136 Vgl. Peter Schallenberg, Eschatologie oder Utopie? Katholische Soziallehre und demokratischer Sozialismus, in: Die Neue Ordnung 62 (2008) 178-184.

nächst und vornehmlich des Grundrechtes des Menschen auf Leben.[137] Die ursprüngliche, natürliche Gerechtigkeit (des Paradieses) war identisch mit Liebe und Barmherzigkeit, die gesetzliche Gerechtigkeit hingegen will weit bescheidener nicht zuerst Liebe, sondern Frieden und Ausgleich der individuellen Interessen schaffen. Dies sieht Augustinus auch für den Zustand nach dem Brudermord sehr nüchtern: „Selbst auch unsere Gerechtigkeit ist, obschon eine wahre im Hinblick auf das Zielgut, auf das sie bezogen ist, doch hienieden so gering, dass sie mehr im Nachlass der Sünden besteht, als in der Vollkommenheit der Tugenden."[138] Nach Kain und Abel trennen sich gleichsam endgültig die Idealität der Liebe und die Realität des Rechtes. Dennoch trägt die Gerechtigkeit noch die Ahnung der Idealität in sich und kann ohne gelebte Ideale von Individuen überhaupt nicht verwirklicht werden. Sie lebt nämlich vom Überschuss dessen, was sie nie verwirklichen kann. Daher unterstreicht Thomas von Aquin: „Durch Gebote der Gerechtigkeit den Frieden unter den Menschen wahren wollen, ist unzulänglich, wenn nicht unter ihnen die Liebe Wurzeln schlägt."[139] Die Gerechtigkeit als Tugend der richtigen Beziehung kann näherhin in dreifacher Weise unterschieden werden: (1) als ausgleichende Gerechtigkeit oder Tauschgerechtigkeit (*iustitia commutativa* von Individuum zu Individuum), (2) als verteilende Gerechtigkeit (*iustitia distributiva* vom Ganzen zum Individuum), (3) als gesetzliche Gerechtigkeit

137 Vgl. Peter Schallenberg, Ethik und Ewigkeit. Wegmarken einer spirituellen Moraltheologie, Paderborn 2016, 52-56.

138 Augustinus, De civitate Dei XIX 27.

139 Thomas von Aquin, Summa contra Gentiles III 130.

(*iustitia legalis* vom Individuum zum Ganzen). Der Ausdruck „soziale Gerechtigkeit" als Oberbegriff für verteilende und gesetzliche Gerechtigkeit taucht erstmals 1849 bei dem italienischen Moralphilosophen Luigi Taparelli d'Azeglio SJ (1793–1862) auf und unterscheidet seinerseits nochmals Bedarfsgerechtigkeit und Leistungsgerechtigkeit von Personen. Es ist das unüberwindbare innere Paradox der Gerechtigkeit, dass sie allgemeine Norm und konkretes Individuum zusammenführen will: Gleichheit ist ihr Wesen, Allgemeinheit ihre Form und ihr Streben geht nach dem Recht des Individuums und des Einzelfalls. In letzter Perspektive bleibt dann die Frage nach letzter Gerechtigkeit. Es ist aus christlicher Sicht zugleich die bedrängende Frage nach dem letzten Sinn der eigenen Existenz und nach der Möglichkeit einer letzten versöhnten Annahme des eigenen Lebens, sich selbst gegenüber gerecht zu sein, wie es unübertroffen der ungarische Schriftsteller Sandor Marai einmal auf den Punkt bringt: „Im Grunde deiner Seele aber steckte ein Krampf – die Sehnsucht, anders zu sein, als du bist. Das ist der größte Schicksalsschlag, der einen Menschen treffen kann. Die Sehnsucht, anders zu sein, als man ist: eine schmerzlichere Sehnsucht könnte im Herzen nicht brennen. Denn das Leben läßt sich nur ertragen, wenn man sich mit dem abfindet, was man für sich selbst und für die Welt bedeutet. Man muss sich damit abfinden, dass man ist, wie man ist, und wissen, dass man für dieses weise Verhalten vom Leben kein Lob bekommt, dass einem keine Orden an die Brust gesteckt werden, wenn man weiß und erträgt, dass man eitel ist oder egoistisch oder glatzköpfig und schmerbäuchig – nein, das muss man wissen, dass man kein Lob, keine Belohnung erhält. Man muss es ertragen, das ist das ganze Geheimnis. Man muss seinen Charakter, sein Naturell ertragen, da weder Erfahrung noch Einsicht an den Mängeln, am Eigennutz und an der Habgier etwas ändern. Wir müssen ertragen, dass unsere Sehnsüchte in der Welt kein vollkommenes Echo haben. Wir müssen ertragen, dass die, die wir lieben, uns nicht lieben, oder nicht so, wie wir es hofften."[140] Gerechtigkeit sich selbst gegenüber hieße aus Sicht des christlichen Glaubens: „Annahme seiner selbst"[141] aus der Hand Gottes als ursprünglich und je schon gerechtfertigt. „Gerechtigkeit des Seins wäre, wenn jeder Mensch vom ersten Gefühl damit einverstanden sein könnte, zu sein, wie er ist und der er ist."[142] In christlicher Sicht bleibt diese letzte Frage in dieser Welt ohne eine letzte Antwort; hier liegt das Drama der menschlichen Existenz. Die Antwort wird lauten: Gottes Gericht als Urteil und zugleich als Erlösung über uns selbst und unsere (ergriffenen und versäumten) Möglichkeiten. Das ist die theologische Vollendung jeder Ethik: Das letzte Urteil ist Erlösung, Erlösung verstanden als Lösung des Krampfes einer verzweifelten und autistischen Selbstrechtfertigung. „Dies ist die eigentliche Neuheit des Christentums: Der Logos, die Wahrheit in Person, ist auch die Sühne, die verwandelnde Vergebung *über all* unser Vermögen und Unvermögen hinaus."[143] Einer letzten innerweltlichen Unvollendbarkeit aber gilt

---

140 Sandor Marai, Die Glut, München 1999, 136.

141 Vgl. grundlegend Romano Guardini, Die Annahme seiner selbst, aaO.

142 Ders., Gerechtigkeit, in: Ders., Tugenden, Mainz 1987, 49-56, hier 52.

143 Joseph Ratzinger, Wenn du den Frieden willst, achte das Gewissen jedes Menschen, aaO, hier 61.

es zunächst tapfer ins Auge zu sehen; hier findet sich die Quelle einer zuletzt geglückten Annahme seiner selbst.[144]

Die in der klassischen Abfolge der Kardinaltugenden sodann genannte Tapferkeit (*fortitudo*) hängt daher eng zusammen mit der Gerechtigkeit, da diese doch nach dem Brudermord mit Mühe, Zwang und Anstrengung durchzusetzen ist. Tapferkeit bedeutet mithin die Bereitschaft, um der Verwirklichung des Guten willen Verwundungen oder gar den physischen Tod auf sich zu nehmen. Dies geschieht letztlich immer aus einer Haltung der Liebe heraus, denn Furcht, der Feind der Tapferkeit, ist immer Flucht vor einer größeren Möglichkeit der Liebe. Christlich gesehen ist diese Liebe an der Wurzel der Tapferkeit die Sehnsucht nach Gott – und damit zugleich nach dem Mitmenschen – und zugleich die heilsame Furcht, Gott ewig verlieren zu können, indem nämlich die unverwechselbare Wahrheit des eigenen Lebens, die sich gerade in den größeren Möglichkeiten der Liebe zeigt und entbirgt, verfehlt wird. Die moraltheologische Tradition hat dies verstanden als die von der Schrift mehrfach bezeugte *timor Domini*, als die Furcht des Herrn, die aller Anfang der Weisheit ist. Es ist die Kehrseite einer hoffenden Liebe zu Gott. Beides zusammen, Furcht als Sorge und Liebe als Sehnsucht, wird zur Triebfeder der Tapferkeit. Diese vollendet sich in der tapferen und unscheinbaren Mühe des Alltags, indem sie der Urangst des Menschen, nämlich der verzweifelten Angst, niemand zu sein, und

---

144 Vgl. Peter Fonk, Die Annahme seiner selbst als Thema der Moraltheologie, in: Geist und Leben 68 (1995) 179-195.

dem verzweifelten Bemühen, jemand zu sein, entschlossen entgegentritt und auf die Liebe Gottes baut. Daraus erst erwächst die Kraft zur letzten Tapferkeit der eigenen Lebensentscheidung, die vom Ziel ewiger Glückseligkeit beflügelt wird: „Körperliche Kräfte haben ihre unübersteigbaren Grenzen; moralische hingegen wachsen mit der Ergriffenheit liebender Verantwortung."[145] Die Umsetzung geschieht im Mut zu den kleinen Entscheidungen des täglichen Lebens und im Mut zur Ordnung des eigenen Lebens.

Damit ist die letzte der klassischen Kardinaltugenden berührt: Zucht und Maß (*temperantia*). Sie ist zugleich die intimste und privateste Tugend, obschon der ursprüngliche Zusammenhang der *temperantia* mit den anderen Kardinaltugenden in der Sicht des Thomas von Aquin zunächst nichts mit privater Intimität zu tun hat: Die Tugend der Klugheit bewirkt das Gute in der Anschauung der Vernunft, lehrt also, ein wirkliches Gut zu erkennen. Das Begehren und Erstreben dieses Gutes wird von der Tugend des Maßes geformt; der Wille zur Tat, die das Gute verwirklicht, von der Gerechtigkeit. Die muthafte Leidenschaft der Seele wird sodann tugendhaft, wenn die Tapferkeit die Hindernisse auf dem Weg zum Guten überwindet.[146] Rupert Scheule macht im Anschluss an eine Bemerkung von Klaus Demmer (1931-2014), die Tugend des Maßes sei „heilsame Erinnerung an die österliche Dimension seiner Existenz: In der Herrschaft über

145 Klaus Demmer, Die unwiderrufliche Entscheidung, in: IKZ Communio 3 (1974) 385-398, hier 392.

146 Thomas von Aquin, Summa Theologiae II-II q 61 a 3.

Dinge wird die Todesverfallenheit in Leben umgewandelt", darauf aufmerksam, dass die *temperantia* im Blick auf das letzte Ziel des Menschen, die *visio beatifica Dei*, die beseligende Schau Gottes also, die Tugend des Satisficing ist, die jede Form des natürlichen Begehrens moderiert und mäßigt im Hinblick auf das übernatürliche Ziel des Menschen, das ohne Maß und Grenze ist. „In Bezug auf die visio beatifica ist der Mensch also naturgemäß ein Maximizer und darf gar kein Satisficer sein. Die natürlichen Begehren ihrerseits sind aber nicht unmittelbar auf dieses letzte Ziel hin orientiert. Das Ziel, auf das sie vernünftigerweise ausgerichtet werden müssen, ist die Erfordernis des menschlichen Lebens (*necessitas humanae vitae*[147])."[148] Die letzte Notwendigkeit des Menschen als Geistwesen kann aber nur, so Thomas von Aquin, eine geistige Notwendigkeit sein, und es kann von diesen geistigen Notwendigkeiten nur die bestmögliche sein – und das ist Gott, gemäß der Definition Gottes als „das, worüber hinaus Größeres nicht gedacht werden kann" [149] bei Anselm von Canterbury, wie oben erwähnt. So müssen alle bedingten Ziele der menschlichen Strebenskräfte zugunsten des unbedingten Zieles, das allein Gott ist, durch die Tugend des Maßes gezügelt und hingeordnet werden auf das Wachsen in der Liebe zu diesem vom Verstand ersehnten und von der Offenbarung enthüllten Gott.

Diese Tugend von Zucht und Maß ist in der Form von Keuschheit und Askese im allgemeinen Bewusstsein

147 Ebd. II-II q 141 a 6 ad 1.

148 Rupert M. Scheule, Gut entscheiden - eine Werterwartungstheorie theologischer Ethik, Fribourg 2009, 135.

149 Anselm, Proslogion Kap. II.

geradezu zu der typisch christlichen Tugend schlechthin geworden. Vom Wesen her meint diese Tugend jedoch eigentlich zunächst Schonung und dadurch Ordnung. Noch tiefer geht der entsprechende griechische Begriff, der eine ordnende Verständigkeit meint. Die Person soll sich schonen vor einer Übermacht ungebundener Triebe, vor einer ungezügelten und ungeordneten Befriedigung einander widerstreitender Bedürfnisse. Stattdessen geht es um die Erkenntnis der eigenen Ideale und die Hinordnung des ganzen Lebens auf eine letztgültige Zielperspektive. Zucht erweist sich in dieser Sicht der Erziehung (und Bildung) sehr viel verwandter als der Züchtigung: Der von Antriebsüberschuss und Instinktunsicherheit gekennzeichnete Mensch bedarf der Selbstregelung. Dies gelingt nur in Form einer beständigen Vorzugswahl, einer nachfolgenden alltäglichen Güterabwägung, einer bewussten Einübung des Verzichtes um der höheren Ideale willen. Man setzt sich ein Ziel, um dessentwillen Verzichte hochgemut ertragen und Grenzen angenommen und erkannt werden. Selbstbescheidung und Selbstrelativierung werden möglich aus der Erkenntnis größerer und tieferer Ausschöpfung der eigenen Möglichkeiten. Diese Haltung ist dann in wahrer Weise intim – nur mit sich allein und mit Gott, in der Intimität des Gewissens, erkennt ein Mensch die unveräußerliche Wahrheit des eigenen Lebens. Daher gehört zur Tugend von Zucht und Maß auch die Scham[150] als „ein natürliches Gefühl, das

150 Vgl. Reinhold J. Haskamp, Ich schäme mich. Ein Plädoyer gegen die Unverschämtheit, Würzburg 1989; Martin A. Klopfenstein, Scham und Schande nach dem Alten Testament, Freiburg/Br. / München 1983; Max Scheler, Über Scham und Schamgefühl, in: Gesammelte Werke Bd. 10, Bern 1957, 67-154.

sich einstellt, wenn jemand konfrontiert wird mit der Tatsache, dass er – jenseits und vor allem Wollen – nicht der ist, der er gern wäre, zu sein glaubte oder zu sein vorgibt."[151] Solche existentielle Scham entsteht aus dem Gefühl der Ehrfurcht vor der letzten Unantastbarkeit der Person und aus dem Glauben an Gottes unverwechselbare Berufung:[152] Es ist der Wille zum Schutz der innersten Personwürde; der Wille, es mit sich allein und mit Gott aushalten zu können; der Wille zur einmal erkannten und fortwährend ergriffenen Berufung. Dies wird nicht möglich und lebbar sein ohne ein Mindestmaß an innerer und äußerer Askese: „Der Sinn des Lebensaktes besteht nicht darin, seine eigene Fühlsamkeit und Kraft zu genießen, sondern das zu verwirklichen, was dem Menschen aufgegeben ist."[153]

---

151 Robert Spaemann, Wie konntest Du tun, was Du getan hast? Ein philosophischer Versuch über das Gefühl der Scham und die verbreitete Schamlosigkeit, in: IKZ Communio 38 (2009) 283-290, hier 290.

152 Vgl. Otto Friedrich Bollnow, Die Ehrfurcht, Frankfurt/M 1958; Gerhard Marschütz, Die verlorene Ehrfurcht. Über das Wesen der Ehrfurcht und ihre Bedeutung für unsere Zeit, Würzburg 1992; Johannes Stelzenberger, Die Ehrfurcht, in: Theologische Quartalschrift 131 (1951) 1-16; Peter Wust, Der Doppelaffekt von Staunen und Ehrfurcht, in: Hochland 21 (1924) 388-402. 515-521.

153 Romano Guardini, Askese, in: Ders., Tugenden, Ostfildern 2007, 82-91, hier 89.

Göttliche Tugenden: Glaube, Hoffnung und Liebe

Glaube, Hoffnung und Liebe werden in der moraltheologischen Tradition als eingegossene Tugenden bezeichnet (*virtutes infusae*), um deutlich zu machen: Sie sind eine Form der heiligmachenden Gnade, von Gott durch die Gabe des Hl. Geistes geschenkt, um zur vollendeten Begegnung mit dem Mitmenschen und mit Gott selbst im Denken und Handeln zu gelangen. Alle menschlich-natürlichen Fähigkeiten werden so aufgenommen und vollendet. Wenn die Tugend nach einem Wort von Thomas von Aquin das *ultimum potentiae*, das Äußerste dessen ist, was ein Mensch überhaupt sein kann und verwirklichen soll, dann sind die göttlichen Tugenden die äußerste Erfüllung der menschlichen Natur, die immer schon – man denke an Karl Rahners (1904-1984) Rede vom „übernatürlichen Existenzial" – zur Gnade und zur Gemeinschaft mit Gott berufen ist. Zur Debatte steht hier das Verhältnis von Natur und Gnade, und dies im Anschluss an das scholastische Axiom *gratia non destruit sed supponit et perfecit naturam* – die göttliche Gnade zerstört nicht die menschliche Natur, sondern setzt sie voraus und vollendet sie[154]: Wie kann die Unverdientheit der Gnade und

154 Vgl. Johannes Beumer, Gratia supponit naturam, aaO; Wilhelm Korff, „Gnade setzt Natur voraus und vollendet sie", in: Wilhelm Ernst (Hg.), Grundlagen und Probleme der heutigen Moraltheologie, Würzburg 1989, 41-60; Erich Przywara, Der Grundsatz „gratia non destruit sed supponit et perfecit naturam", in: Scholastik 17 (1942) 178-186; Joseph Ratzinger, Gratia praesupponit naturam. Erwägungen über Sinn und Grenze eines scholastischen Axioms, in: ders. / Heinrich Fries (Hgg.), Einsicht und Glaube. FS G. Söhngen, Freiburg/ Br. 1962, 135-149; Bernhard Stoeckle, „Gratia supponit naturam": Geschichte und Analyse eines theologischen Axioms unter besonderer Berücksichtigung

gleichzeitig die Angewiesenheit der menschlichen Natur auf diese Gnade zusammengedacht werden, ohne dass es, wie in manchen Ausformungen der Barockscholastik, zu einer „Zwei-Stockwerk-Theologie" kommt, bei der sich Natur und Gnade fast unverbunden gegenüberstehen?[155] Die scholastische Tradition hatte dazu bereits den Weg gewiesen mit den beiden Begriffen des *desiderium naturale*,[156] also einer naturhaften Sehnsucht des Menschen nach vollkommener Vollendung, und der *potentia oboedientialis*, also einer naturhaften Möglichkeit des Menschen zum Vernehmen der Stimme Gottes in seinem Inneren. Im 20. Jahrhundert nahmen Henri de Lubac (1896-1991) und Karl Rahner die beiden traditionellen Begriffe wieder auf, um das Verhältnis von Natur und Gnade neu zu bestimmen, und zwar so, „dass Rahner den Begriff der *potentia oboedientialis* als tragenden Vermittlungsbegriff für das Natur-Gnade-Verhältnis wählte, dem er später das übernatürliche Existential beigesellte, während de Lubac von diesen beiden Begriffen herzlich wenig hielt und stattdessen dem *desiderium naturale* bei weitem den Vorzug gab."[157] Der Neuansatz präzisiert nun: „Die Natur musste auf die Gnade als auf die ihr gemäße und

seines patristischen Ursprungs, seiner Formulierung in der Hochscholastik und seiner zentralen Position in der Theologie des 19. Jahrhunderts (= Studia Anselmiana 49), Rom 1962.

155 Vgl. Juan Alfaro, Lo natural y lo sobrenatural. Estudio historico desde Santo Tomas hasta Cayetano (1274-1534), Madrid 1952.

156 Thomas von Aquin, Summa contra Gentiles II 48; vgl. dazu Henri de Lubac, Die Freiheit der Gnade, Bd. 2: Das Paradox des Menschen, Einsiedeln 1971, 91: „Das Verlangen, Gott zu schauen, ist nach Thomas ein ‚Naturverlangen' des Menschen, besser noch: das Verlangen seiner Natur ..."

157 Max Seckler, „Potentia oboedientialis" bei Karl Rahner (1904-1984) und Henri de Lubac (1896-1991), in: Gregorianum 78 (1997) 699-718, hier 701.

notwendige Vervollkommnung ausgerichtet sein, aber dennoch durfte die Gnade nicht zu einer notwendigen Forderung seitens der Natur werden, da sie sonst Teil der Natur selbst geworden wäre. Zur Lösung dieses Problems entwarf Rahner die Theorie des übernatürlichen Existentials. Den Ausdruck ‚Existential' entlehnte Rahner der Philosophie Martin Heideggers (1889-1976), der der Meinung war, die Seinsstrukturen des Menschen dürften nicht mit denselben Termini bezeichnet werden wie die Seinsstrukturen der Dinge."[158] Karl Rahner selbst präzisiert den inneren Sinn dieser Rede vom übernatürlichen Existential: „Die These, dass der Mensch als Subjekt das Ereignis der Selbstmitteilung Gottes sei, ist unbeschadet dessen, dass sie von einer freien ungeschuldeten Gnade, von einem Wunder der freien Liebe Gottes zur geistigen Kreatur spricht, ein Satz, der schlechthin alle Menschen meint, der ein Existential jedes Menschen aussagt. Ein solches Existential wird nicht dadurch geschuldet und in diesem Sinne ‚natürlich', dass es allen Menschen als Existential ihres konkreten Daseins gegeben und ihrer Freiheit, ihrem Selbstverständnis und ihrer Erfahrung vorgegeben ist. Die Liebe Gottes wird nicht dadurch weniger ein Wunder, dass sie allen Menschen, mindestens als Angebot, zusagt. Ja, erst das allen Gegebene realisiert das eigentliche Wesen der Gnade radikal."[159] Der christliche Glaube hält fest, dass dies übernatürliche Existential in

158 Harald Schöndorf, Die Bedeutung der Philosophie bei Karl Rahner, in: Ders. (Hg.), Die philosophischen Quellen der Theologie Karl Rahners (= Quaestiones Disputatae 213), Freiburg/Br. 2002, 13-29, hier 17.

159 Karl Rahner, Grundkurs des Glaubens, Freiburg/Br. 1984, 133; vgl. auch Emerich Coreth, Philosophische Grundlagen der Theologie Karl Rahners, in: Stimmen der Zeit 212 (1994) 525-536.

Jesus Christus Mensch und Geschichte geworden ist und damit letztgültiger Maßstab allen menschlichen Strebens nach Tugend.[160]

Da die göttlichen Tugenden aber nicht Ergebnis einer menschlichen Leistung sind, schenken sie auch nicht, wie die erworbenen Tugenden, durch Gewöhnung eine Leichtigkeit moralischen Handelns, ein *faciliter posse*, sondern zunächst nur eine grundsätzliche Möglichkeit zum übernatürlichen Handeln, ein *simpliciter posse*. Dieses übernatürliche Können wird als Charakter des Menschen bei der Taufe geschenkt und diesem Menschen zur Entfaltung und Verwirklichung anvertraut. Und diese Entfaltung ist ganz und zuerst ein Werk Gottes und keine eigenmächtige Leistung des Menschen; dennoch wird der Mensch von Gott zur Mitwirkung berufen durch die Vorbereitung in den natürlichen und moralischen Tugenden. Die göttlichen Tugenden befähigen den Menschen zur unmittelbaren Beziehung mit Gott und ermöglichen das Erreichen des letzten Zieles, Gott um seiner selbst willen, mit reiner Liebe also, zu ersehnen und zu bejahen. Der Glaube ist dabei wesentlich der Wille zur Gemeinschaft der Kirche als von Christus sichtbar gestifteter Glaubensgemeinschaft. Die Glaubensgewissheit bezieht sich nach katholischer Auffassung nicht bloß auf die Erlösung durch Jesus Christus, sondern konkret und sichtbar auf das, was Gott getan hat und die Kirche bezeugt. Glaube umschließt Gehorsam und Vertrauen in die Kirche als mystischer Leib Christi; Glaube ist immer Mitglau-

160 Vgl. erhellend Engelbert Guggenberger, Karl Rahners Christologie und heutige Fundamentalmoral, Innsbruck / Wien 1990.

be mit der Kirche und dadurch Teilhabe an der Gewissheit der ewigen Seligkeit in der Anschauung Gottes. Die Hoffnung hingegen betont mehr den individuellen Charakter der Gottesbeziehung. Die Hoffnungsgewissheit richtet sich auf die Erfüllung der Sehnsucht nach ewiger Vollendung und stellt die *visio beatifica*, die beseligende Schau Gottes als Vollendung der eigenen Person und des individuellen Glücksstrebens vor Augen. „Hoffnung ist das Vertrauen auf Gottes Vollendungsmacht."[161] Solche Hoffnung rechnet immer mit der zuvorkommenden und helfenden Gnade Gottes und weiß zugleich schmerzlich um das begrenzte Fragment des irdischen Lebens mit allen Sehnsüchten und Idealen.

Die Liebe schließlich ist die Vollendung aller Tugenden als *forma virtutis*, also als Form und Ausdruck des Tugendstrebens. Die menschliche Liebeskraft erkennt den Weg und das Ziel einer allmählichen Läuterung hin zur vorbehaltlosen und uneigennützigen reinen Liebe zu sich selbst, zum Nächsten und zu Gott als Geschenk aus Gottes Hand.[162] Liebe ist nämlich immer ein freies Geschenk, das ersehnt, nicht aber hergestellt werden kann. „Der Mensch kommt zutiefst nicht zu sich selbst durch das, was er tut, sondern durch das, was er empfängt. Er muss auf das Geschenk der Liebe warten, und Liebe kann man

---

161 Romano Guardini, Der Rosenkranz unserer lieben Frau, Würzburg 1949, 51; zit. bei Hanna-Barbara Gerl-Falkovitz, Am Boden der Spiritualitit, in: Dies., Eros, Glück, Tod und andere Versuche im christlichen Denken, Gräfelfing 2001, 114-128, hier 114.

162 Vgl. Giuseppe Angelini, Eros e agape, Milano 2006; Johannes B. Lotz, Die Drei-Einheit der Liebe. Eros - Philía - Agápe, Frankfurt/M. 1979; Jörg Splett, Liebe, Selbstliebe, Eros, Agape, in: George Augustin u. a. (Hgg.), Christliches Ethos und Lebenskultur, Paderborn 2009, 267-279.

nicht anders als Geschenk erhalten."[163] Weder Furcht vor Strafe noch Vorteil der Belohnung sind Gott angemessene Motive, allein die Liebe zu Gott um seiner selbst willen wird ihm gerecht und wirkt sich wiederum aus in dem ständigen Bemühen um selbstlose und geordnete Liebe zum Mitmenschen. Diese Liebe ist das letzte Ziel des moralischen Mühens. Der letzte Sinn der menschlichen Liebesbegegnung, „das Hinaustreten aus der eigenen Begrenzung und Ichhaftigkeit durch das Einswerden mit einer anderen Person",[164] wird von Gott aufgenommen und in der Ewigkeit vollendet. Daher unterstreicht Thomas von Aquin: „Caritas non est qualiscumque amor Dei, sed amor Dei, quo diligitur ut beatitudinis obiectum" – Die *caritas* ist nicht eine irgendwie beschaffene Gottesliebe, sondern eine Liebe zu Gott, die ihn als Gegenstand und Urheber der Glückseligkeit liebt.[165] Das, was wir Menschen etwas unbeholfen Himmel nennen, die alleinige und vollkommen genügende Gegenwart Gottes, wird die Vollendung jeder menschlichen Liebe sein. „Im Himmel gibt es keinen Schmerz mehr und keine Pflicht, sich von einem geliebten Menschen abwenden zu müssen. Erstens, weil wir uns schon abgewandt haben: von den Porträts zum Original, von den Rinnsalen zur Quelle, von den Geschöpfen, die er liebenswert gemacht hat, zur Liebe in Person. Aber zweitens auch, weil wir sie alle in ihm wieder finden. Wenn wir ihn mehr lieben als sie, werden wir

163 Joseph Ratzinger, Einführung in das Christentum, München 1968, 193.
164 Josef Pieper, Über die Liebe, München 1987, 162.
165 Thomas von Aquin, Summa Theologiae I-II q 65 a 5 ad 1.

sie mehr lieben als jetzt."[166] Alle menschliche Hoffnung auf vollkommen vollendete Liebe findet ihre Antwort im Glauben an diese ewige Wirklichkeit Gottes, denn: „Wer glaubt, weiß, dass die Geschichte nicht dem Teppich der Penelope gleicht, der immer von neuem gewoben wird, um immer von neuem aufgetrennt zu werden."[167]

---

166 Clive S. Lewis, Was man Liebe nennt. Zuneigung – Freundschaft – Eros – Agape, Basel 1998, 138.

167 Joseph Ratzinger, Einführung in das Christentum, aaO, 267.

6. Glück

Kurz und präzis formuliert Thomas von Aquin: „Alle Menschen kommen im Begehren des Endzwecks, der die Glückseligkeit ist, überein.“[168] Das griechische Wort *eudaimonia* und der lateinische Begriff der *beatitudo* haben dabei nicht den gefühligen Anklang des deutschen Wortes Seligkeit, das meist zur Übersetzung der beiden Fremdworte benutzt wird. Besser schon wäre das deutsche Wort Glückseligkeit geeignet, um den ganzen Inhalt des gemeinten Begriffs zur Sprache zu bringen. Gemeint ist nämlich die reale Vollendung des Menschen, seines Wesens und seiner Anlagen. In der klassisch-griechischen Tradition wird dieses Ziel als vollendet gutes Leben beschrieben. Glück ist in dieser Sicht kein dem Schicksal blind entsprungener Zufall, sondern eine Leistung der Tugend. Ein tugendhaftes Leben ist ein gutes Leben, weil es richtig gelebt wird, gemäß der richtenden Vernunft. Die Stoa formuliert etwas anders, aber in ähnlicher Richtung: Das gute und richtige Leben wird *secundum naturam* gelebt, richtet sich aus an der Natur. Diese Vernunftnatur sieht der christliche Glaube in der Übernatur der Gnade, in der Person Jesus Christus vollendet und jetzt zum vollkommenen Glück, nämlich zur ewigen Anschauung Gottes, befreit. Augustinus greift die antike Sicht auf: „Auf welche Weise soll ich dich suchen, Herr? Denn wenn ich dich, meinen Gott, suche, dann suche ich das glückselige Leben. Ich will dich suchen, auf dass meine Seele lebe. Denn mein Leib lebt durch die Seele, und meine See-

168 Thomas von Aquin, Summa Theologiae I-II q 1 a 7.

le lebt durch dich.“[169] Gott selbst erscheint in Person als das glückselige Leben, und das gute Leben ist ein solches, das irdisch diese Glückseligkeit anstrebt und vorbereitet, und zwar durch die Tugenden, die zur Vollendung eigenen und fremden Menschseins führen.[170] „Augustin sah im Christentum die Aufforderung, das Ewige dem Zeitlichen vorzuziehen. Das Böse lag für ihn darin, dass die Seele das Ewige vernachlässigt, um dem Zeitlichen nachzujagen.“[171] Wiederum erscheint die Liebe als Sinnspitze aller Tugenden, insofern nur der liebende Mensch Gott, der die Liebe ist, ähnlich wird. Und nur der Liebende wird das *frui deo*, das ewige Genießen Gottes, das Augustinus als Form der Ewigkeit bestimmt, auch subjektiv genießen können. Denn, wie Bonaventura unterstreicht, „beatitudo nihil aliud est quam summi boni fruitio“ – die Seligkeit ist nichts anderes als das Entzücken am höchsten Gut.[172]

Diese Ewigkeit der *visio beatifica*, der beseligenden Schau Gottes, findet in den Seligpreisungen des Neuen Testamentes beredten Ausdruck: Übernatürliche Tugend und eschatologisches Glück verbinden sich zu einer radikalisierten Gesamtvision umfassend gelungenen Lebens,[173] ja zu einer neuen Sicht auf die Radikalität des

169 Augustinus, Confessiones X 29.

170 Vgl. zum folgenden Peter Schallenberg, Glück in der Theologie I, in: Dieter Thomä (Hg.), Glück. Ein interdisziplinäres Handbuch, Stuttgart 2011, 434-439.

171 Kurt Flasch, Was ist Zeit? Augustinus von Hippo. Das XI. Buch der Confessiones. Historisch-philosophische Studie, Frankfurt/M. 2004, 205.

172 Bonaventura, Itinerarium mentis in Deum I 1.

173 Vgl. Gerhard Lohfink, Gesetzeserfüllung und Nachfolge. Radikalität des Ethischen im Matthäusevangelium, in: Helmut Weber (Hg.), Der ethische Kompromiß, Fribourg 1984, 41-47; Josef Römelt, Normativität, ethische Radi-

Glaubens überhaupt. Dies führt zu einer gänzlich neuen Art der menschlichen Freiheit, die die Kräfte der bloßen Natur überschreitet: „Jesus stellt uns drei Versuchungen vor Augen, vor dem radikalen Anspruch des Glaubens zu fliehen; drei Arten, die umgekehrt eine dreifache Freiheit des Evangeliums in Erinnerung rufen: die Freiheit von der Mutter, vom Mutterschoß, von der Höhle und vom Nest, die Freiheit vom Vater, von den überkommenen Traditionen, und die Freiheit von mir selbst, von der eigenen Geschichte, von der Notwendigkeit eines Eingebundenseins in menschliche Abläufe. Diese dreifache Freiheit anzunehmen und zu verwirklichen, ist die Aufgabe eines ganzen Lebens, die uns mit dem Erwachsenwerden mehr und mehr aufgegeben ist. Alle Menschen sind dazu verpflichtet, sie zu leben, und als Christen sind wir dazu auch im Hinblick auf die Radikalität des Glaubens verpflichtet."[174]

Bemerkenswert ist an dieser Vision die Einheit von Individual- und Sozialethik: Nur in der liebenden Gemeinschaft von Menschen erfährt der Mensch jetzt schon anfanghaft das Glück der ewigen Gemeinschaft mit Gott. Die Sphäre von Recht und Gerechtigkeit als *minimum morale*, als gleichsam moralischer Grundwasserspiegel, ist damit aus der Perspektive Gottes, die in Jesus Christus Fleisch und menschliches Wort annimmt, bereits überschritten. Dies wird besonders deutlich beim Evangelisten Lukas, der die positiv formulierten Seligpreisungen

---

kalität und christlicher Glaube. Zur theologisch-ethischen Hermeneutik der Bergpredigt, in: Zeitschrift für katholische Theologie 114 (1992) 293-303.

174 Carlo Maria Martini, Folge mir nach. Glaube, Dienst und Zölibat, Freiburg/Br. 1992, 36 mit Blick auf Lk 9,57-62.

jeweils durch negative Wehrufe kontrastiert, und damit das gottferne und zugleich menschenferne Leben der Sünde als Ablehnung der Seligkeit Gottes interpretiert[175]. Die Seligpreisungen bieten freilich keine normative Ethik wie etwa der Dekalog; sie geben zu denken und stellen Fragen. So geht es um eine radikale Umwertung der Werte, um eine neue Sicht vom Menschen und seinem endgültigen Glück. Benedikt XVI. nennt das in seiner Auslegung der Seligpreisungen Verheißungen an den Boten Jesu, also an jeden getauften Christ in der Welt: „Und wenn auch der Bote Jesu in dieser Welt noch in der Leidensgeschichte Jesu steht, so ist darin der Glanz der Auferstehung dennoch spürbar und schafft eine Freude, eine Seligkeit, die größer ist als das Glück, das er vorher auf weltlichen Wegen erfahren haben mochte. Jetzt weiß er erst, was wirklich Glück, was wahre Seligkeit ist und erkennt dabei, wie armselig das war, was von den üblichen Maßstäben her als Befriedigung und Glück angesehen werden muss."[176] Zentral in den Seligpreisungen erscheint der Satz „Selig, die ein reines Herz haben, sie werden Gott schauen!", der allerdings bei Lukas fehlt, und seine Auslegung in dem bei Matthäus und Lukas vorfindlichen „Selig, die arm sind vor Gott, denn ihrer ist das Himmelreich!" Beide Sätze fragen nach den wahren Schätzen im Leben eines Menschen, nüchterner und ehrlicher Selbsteinschätzung, nach Armut vor Gott, um durch ihn reich zu werden. Sie fragen aber zugleich auch nach der Lauterkeit der inneren Gesinnung und ordnen sich damit ein in

175 Vgl. Lk 6,20-26

176 Benedikt XVI. / Joseph Ratzinger, Jesus von Nazareth, Freiburg/Br. 2007, 102.

eine Gesinnungsethik: Wo fehlt die Reinheit der Liebe, der Treue, der Versöhnung? Wo bleiben Handlungen an der Oberfläche eines bloß erfüllten Gesetzes, ohne in der Tiefe der menschlichen Gesinnung verankert zu sein? Wo ist der Mensch bestochen von sich selbst und verliebt in den äußeren Erfolg? Und weiter: „Selig die Trauernden, denn sie werden getröstet werden!" Gibt es im eigenen Herzen den Mut und die Geduld zur Trauer? „Sunt lacrimae rerum" heißt es bei Vergil im ersten Gesang der „Aeneis"; die Dinge haben ihre Tränen. Theodor Haecker (1879-1945) kommentiert dazu sehr schön: „Der Halbvers ist durch und durch lateinisch, er sagt nicht bloß – die erste, noch durchaus banale Erklärung –, dass gewisse Dinge von den Menschen beweint werden, sondern auch, dass die Dinge selber ihre Tränen haben, oder besser, dass da Dinge sind, die mit keiner anderen Antwort zufrieden sind als mit Tränen, die durch nichts wirklich erkannt werden, durch nichts anderes ausgeglichen werden können als durch Tränen und zuweilen selbst durch sie nicht: *aut possit lacrimis aequare labores*, als wögen Tränen unsere Mühsal auf."[177] Zum menschlichen Leben gehört das Eingeständnis letzter Ungetröstetheit und innerweltlich nicht erfüllbarer Sehnsucht. Dazu gehört auch selbstkritisch im Blick auf sich selbst die Frage: Wo weitet sich der Blick hin zur fremden Trauer, wo kann fremdes Leid mitgetragen werden, welchen Stellenwert hat der Verzicht im eigenen Leben? „Selig die Gewaltlosen, denn sie werden das Land erben!" Ein Satz von sozialethischer Sprengkraft. Christliches Ethos ist immer geprägt von der Op-

177 Theodor Haecker, Vergil. Vater des Abendlandes, München 1947, 109.

tion für die Armen und Schwachen; das gesamte prophetische Ethos des Alten Testamentes ist von dieser Option imprägniert. Daraus erwächst das Bemühen, der Versuchung zur Vertröstung auf bessere jenseitige Zeiten zu entgehen; dagegen steht die Mühe um Ausgleich und Gerechtigkeit. Dem voraus liegt die Frage nach dem ganz persönlichen Umgang mit Macht und Einfluss, mit anvertrauten Menschen, nicht zuletzt mit der Schöpfung. „Selig, die hungern und dürsten nach der Gerechtigkeit, denn sie werden gesättigt werden!" Wo werden gerechte Zustände in Kirche und Gesellschaft angestrebt oder um eigener Vorteile willen verschleiert? Wo fehlt es an Zivilcourage, dem berühmten Mut vor dem Freund, also Mut im alltäglichen Umgang mit Menschen, deren Nähe auch Angst oder Aggression hervorrufen kann? Gedacht ist an eine durchaus unspektakuläre Mühe des Alltags, die Bereitschaft aber auch zur Verantwortung und Profilierung jenseits der Welt der Verdienstmedaillen, den Mut einer beherzten Freiheit zum Guten – einfach deshalb, weil das Gute gut ist und als drängende Forderung vor dem eigenen Gewissen steht. Dietrich Bonhoeffer (1906-1945) notiert einmal: „Civilcourage aber kann nur aus der freien Verantwortlichkeit des freien Mannes erwachsen!"[178] Wo fehlt es an solcher Bereitschaft zu politischer und gesellschaftlicher Verantwortung? „Selig die Barmherzigen, denn sie werden Barmherzigkeit finden!" Wie wird der Mitmensch gesehen, nur als Konkurrent im Kampf um den besten Platz an der Sonne oder wirklich als Mitgeschöpf Gottes? Und wird nach Möglichkeiten Ausschau

178 Dietrich Bonhoeffer, Widerstand und Ergebung, Gütersloh 1985, 13.

gehalten, um die bloße gesetzliche Gerechtigkeit durch Barmherzigkeit und Liebe zu überbieten oder hat man sich längst abgefunden mit den herrschenden Missständen, die als normal deklariert werden, um der Mühe der Bekehrung und Veränderung zu entgehen?[179] „Selig, die Frieden stiften, denn sie werden Söhne Gottes genannt werden!" Werden alle Kräfte angespannt, um zu Einigung und Versöhnung zu gelangen oder überwiegt die zynische Freude an ideologischen Grabenkämpfen und an der stillvergnügten Verunglimpfung unliebsamer Zeitgenossen? Und dahinter steht die Frage nach der Möglichkeit und der Mühe um Frieden im eigenen Herzen, letztlich um Versöhntheit mit der eigenen Lebensgeschichte.[180] „Selig, die Verfolgung leiden um der Gerechtigkeit willen, denn ihnen gehört das Himmelreich!" Zuletzt erhebt sich die Frage nach der Faszination durch das Himmelreich, die in der eingangs erwähnten Frage des reichen Jünglings anklang: Was muss ich tun und erleiden, um das ewige Leben zu erlangen? Damit verbunden ist die Frage nach Opfer und Verzicht um des letzten Gutes willen, nach dem Mut zu unberechnetem Einsatz des eigenen Lebens. Alle Seligpreisungen enden jeweils mit einem eschatologischen Ausblick auf die Ewigkeit Gottes, die den Menschen als vollendetes Glück erwartet. Deren Seligkeit soll und muss freilich schon in dieser Welt und in den engen Grenzen von Raum und Zeit vorbereitet und erfahrbar

179 Vgl. Herbert Schlögel, Alte Tugend – neuer Sinn: Barmherzigkeit, in: Münchner Theologische Zeitschrift 45 (1994) 521-532.

180 Vgl. Klaus Demmer, Die Lebensgeschichte als Versöhnungsgeschichte. Eine paradigmatische Thematik spiritueller Moraltheologie, in: Freiburger Zeitschrift für Philosophie und Theologie 36 (1989) 390-406.

werden. Das wird nicht zuletzt sichtbar an den unzähligen Heiligen der Kirche, die den Raum der Liebe Gottes in den Grenzen dieser Welt persönlich und oft schmerzhaft ausgemessen und durchschritten haben und damit ein Glück fanden, das nicht von dieser Welt und von hiesiger Denkungsart ist. „Die Heiligen haben von Paulus über Franz von Assisi bis zu Mutter Teresa diese Option gelebt und uns damit das rechte Bild des Menschen und seines Glücks gezeigt. Mit einem Wort: Die wahre Moral des Christentums ist die Liebe. Und die steht freilich der Selbstsucht entgegen – sie ist Auszug aus sich selber, aber gerade auf diese Weise kommt der Mensch zu sich selber. Dem versucherischen Glanz von Nietzsches Menschenbild entgegen erscheint dieser Weg zunächst als armselig, geradezu unzumutbar. Aber er ist der wirkliche Höhenweg des Lebens; nur auf dem Weg der Liebe, deren Pfade in der Bergpredigt beschrieben sind, erschließt sich der Reichtum des Lebens, die Größe der menschlichen Berufung."[181] Das ist der Auftrag und die Zumutung an die Persönlichkeit des Christen, der aus diesem übernatürlichen Glück Gottes lebt und handelt, im Innersten fasziniert vom Ausblick auf die selige Vollendung in Gottes guter Ewigkeit. Die fast unbescheidene Vorstellung dieses Glücks ist Gottes große und letzte Zumutung an den Menschen: „Eine sittliche Persönlichkeit sein, fordert Mut zum vergeistigten Glück."[182]

181 Benedikt XVI / Joseph Ratzinger, Jesus von Nazareth, aaO, 130.

182 Klaus Demmer, Die Wahrheit leben. Theorie des Handelns. Freiburg/Br. 1991, 54; vgl. auch ders., Das vergeistigte Glück. Gedanken zum christlichen Eudämonieverständnis, in Gregorianum 72 (1991) 99-115; Klaus Baumann, Zum Glück gibt es Gott. Zum christlichen Verständnis guten und rechten Lebens. in: Theologie und Glaube 92 (2002) 1-13.

7. Sünde und Laster

Der Mensch ist grundlegend das Wesen der Freiheit. Diese wird primär nicht in negativer Weise als Freiheit von etwas verstanden, sondern positiv qualifiziert: als Freiheit zu etwas; als solche qualifizierte Freiheit schließt sie ständig die Notwendigkeit der Entscheidung mit ein. Aus solcher Freiheit aber erwächst jetzt die Möglichkeit der Verfehlung des Guten, so entsteht die Möglichkeit der Sünde. Menschliche Freiheit verwirklicht sich nicht von selbst, sondern muss selbst gewollt werden. Sie ist grundgelegt in der natürlichen Anlage des Menschen und sodann Aufgabe und Werk jedes Individuums. Daher gibt es keine passive Freiheit. Der Mensch ist von Gott mit dieser grundlegenden Freiheit geschaffen und gewollt; er missbrauchte die Freiheit am Anfang der Menschheitsgeschichte in seiner Abwendung von Gott; dies wird im Buch Genesis in der Erzählung vom Sündenfall illustriert.

Sünde ist ursprünglich ein religiöser und dann ein theologischer Begriff. Sören Kierkegaard (1813-1855) merkt dazu an: „Weder das Heidentum noch der natürliche Mensch wissen, was Sünde ist". Sünde meint daher im Unterschied zu Schuld nicht bloß ein zwischenmenschliches Verfehlen, sondern zugleich eine Verfehlung gegenüber der Gottheit oder gegenüber Gott. Schuld verlangt Sühne, Sünde ruft nach personaler Vergebung. Das deutsche Wort Sünde trägt noch die altgermanische Verwandtschaft zum Wort Sund als Bezeichnung für eine tiefgehende Abtrennung: „sich absondern" gibt von dieser Quelle sprachliche Kunde. Gemeint ist also eine tiefgreifende Trennung und Absonderung des Menschen von Gott und zugleich damit von sich selbst, insofern Gott den leitenden Ursprungssinn in jedes Individuum hineingelegt hat. So kommt es zum Bösen. Thomas von Aquin definiert das Böse als *privatio boni*, als Abwesenheit des Guten, und erläutert, Sünde sei im Kern immer eine „aversio a Deo et conversio ad creaturas“ – eine Abwendung von Gott und eine Hinwendung zum Geschaffenen. Immer geht es also in der Sünde um die Verwechslung von Vorletztem und Letztem, um eine widersprüchliche Vergötzung von Mensch und Schöpfung, die nicht darum zuerst Sünde ist, weil sie verboten wäre, sondern weil sie zum Bösen führt, konkreter: weil sie Schöpfung und Mensch überlastet und zum Spielball eigener Interessen macht, weil sie der – modern gesprochen – narzisstischen Selbstzentrierung Tor und Tür öffnet. So kann etwa Augustinus kurz und knapp formulieren, die Sünde sei „die bis zur Verachtung Gottes gesteigerte Selbstliebe“.[183] Auch wenn die Willenskraft und Erkenntnisfähigkeit des Menschen durch die Ursünde geschwächt sind, so bleibt doch die Sünde in der Sicht der katholischen Anthropologie und Ethik immer eine freie und radikale Entscheidung des Menschen. Denn nur das Gute ist schlechthin anziehend und attraktiv; das Böse ist bloße Abwesenheit von Gutem und wird nur durch Verneinung attraktiv. Da aber der Mensch Abbild Gottes ist, bildet jede Sünde einen Selbstwiderspruch und damit den Beginn der zerstörerischen Selbstverneinung. Dies ist deshalb möglich, weil der Mensch Gott als das unendlich Gute nicht unmittelbar erfasst, sondern nur in der Form von Einzelgütern, sodass

183 Augustinus, De civitate Dei XIV 28.

ein Einzelgut oder ein Scheingut absolut gesetzt werden kann. Ähnlich verhält es sich ja mit der Erkenntnis von Gottes Willen: Auch dieser ist vom Menschen nicht direkt erfassbar oder gar einfach ablesbar, sondern oft mühsam zu entziffern, oder wie Thomas von Aquin mit Blick auf die unterschiedenen Erfassungsweisen des Guten bei Gott und Mensch unterstreicht: „Die Erfassungsweise des Geschöpfes geht aber seiner Natur gemäß auf ein besonderes Gut – wie es seiner Natur entspricht." Und als schlagendes Beispiel führt er an: „So hat beispielsweise ein Richter einen guten Willen, wenn er die Tötung des Verbrechers will, weil es gerecht ist; der Wille eines anderen aber, etwa von dessen Ehefrau oder Sohn, der nicht will, dass er hingerichtet wird, insofern die Tötung in der Natur schlecht ist, ist ebenfalls gut."[184] Dazu kommentiert Robert Spaemann (1927-2018): „Nicht was Gott will, sollen wir wollen, sondern das, wovon Gott will, dass wir es wollen. Was Gott will, erfahren wir immer erst nachträglich, belehrt durch den Gang der Ereignisse. Wovon er will, dass wir es wollen, das lehren uns Natur und gute Sitten."[185] Und William Hoye ergänzt mit wünschenswerter Präzision: „Damit ist eine unentrinnbare Subjektivität der Moral vorgegeben, nicht als müsste man mit Irrtümern zu tun haben, wohl aber mit einzelnen herausgeschnittenen Aspekten. Infolgedessen ist der gute Mensch, das heißt der Mensch, der in der Wahrheit leben will, zwangsläufig verunsichert. Er kann nie absolut sicher

---

184 Thomas von Aquin, Summa Theologiae I-II q 19 a 10.

185 Robert Spaemann, Einleitung, in: Rolf Schönberger (Hg.), Thomas von Aquin: Über sittliches Handeln, Stuttgart 2008, 7-18, hier 10.

sein, dass er das Beste gefunden hat."[186] In theologischer Deutung hat das Böse an sich keine Attraktivität; getrübte oder bloß eingeschränkte Erkenntnis und ein geschwächter Wille lassen es dem Individuum als Mehrwert erscheinen. Demgemäß betont Thomas von Aquin im Anschluss an ein Wort des Pseudo-Dionysius Areopagita in dessen Werk „Über die göttlichen Namen": „bonum causatur ex integra causa, malum autem ex singularibus defectibus" – Das Gute geht aus der vollständigen Ursache hervor, das Schlechte aber schon aus einzelnen Mängeln.[187] Falsche und kurzsichtige Ziele werden erstrebt, der Blick für das umfassend Gute geht schleichend verloren, die Kraft zum Guten erlahmt. Und mit der Abwendung von Gott als dem Halt des Lebens entstehen die verfestigten Haltungen und Untugenden, die schematisch in den sieben Todsünden zusammengefasst sind, und die an der Wurzel des falschen Verhaltens stehen. Denn wer zuerst den inneren Halt in Gott verliert, der verliert sodann auch die beständige Haltung unbeirrbarer Gutheit und schließlich das konkrete gute Verhalten.

Augustinus bringt diese in der Freiheit des Menschen schlummernde Möglichkeit der Trennung von Gott sehr prägnant auf den Punkt, wenn er außerparadiesisch zwei Arten von Liebe, nämlich das Gott entsprechende *frui* (genießende Liebe) und das dem Wesen Gottes widersprechende *uti* (gebrauchende Liebe), unterscheidet. Brennglasartig gebündelt sieht er diesen Unterschied an dem Brüderpaar Kain und Abel, die für ihn den endgültigen

186 William Hoye, Der Wille Gottes und die Verantwortung des Menschen, in: Ders., Liebgewordene theologische Denkfehler, Münster 2006, 67-78, hier 73.

187 Thomas von Aquin, Summa Theologiae I-II q 19 a 6.

und gewaltsamen Durchbruch des Bösen außerhalb des Paradieses markieren. Dabei ist der Brudermord des Kain nur ein Epiphänomen einer viel tiefer sitzenden Lieblosigkeit, die an der Wurzel jeder Sünde sich findet. Entscheidend ist nämlich der Geiz des Kain, der Gott nicht seine ganze Liebe schenkt, sondern sich selbst behalten will und lediglich die Gunst Gottes erkaufen möchte. Daher ist Kains Opfer dem Herrn nicht wohlgefällig, „weil Kain insofern schlecht teilte, als er Gott zwar etwas von dem Seinen gab, aber nicht sich selbst. Das tun alle, die nicht Gottes Willen folgen, sondern ihrem eigenen, demnach nicht rechtschaffenen, sondern verkehrten Herzens leben, und dennoch Gott eine Gabe darbringen, seine Gunst zu erkaufen, dass er ihnen behilflich sei, nicht etwa ihre bösen Begierden abzulegen, sondern sie zu befriedigen."[188] Diese Überlegung wird aufgenommen von Ignatius von Loyola in seinem Exerzitienbüchlein mit der Betrachtung über drei Gruppen von Menschen, „und jede von ihnen hat zehntausend Dukaten erworben; aber nicht rein und wie sie gesollt hätte, aus Liebe zu Gott." Die ersten beiden Gruppen verharren im Schlechten: „Die erste Gruppe möchte von der Anhänglichkeit an die erworbene Sache lassen, um dadurch in Frieden Gott unseren Herrn zu finden und sich gerettet zu wissen. Aber sie wendet die Mittel dazu nicht an bis zur Stunde des Todes. Die zweite will von der Anhänglichkeit lassen, aber sie will so davon lassen, dass sie im Besitz der erworbenen Sache bleibt, in der Weise, dass Gott dorthin kommen soll, wohin sie

188 Augustinus, De civitate Dei XV 7.

selbst will ..."[189] So steht der Geiz und die selbstzentrierte Liebe an der Wurzel aller weiteren Sünden.[190] Jede Sünde besteht nämlich in dieser augustinischen Sicht darin, dass die reine und vorbehaltlose Liebe der Hingabe verzwecklicht und zum bloßen Instrument der eigenen Bedürfnisbefriedigung vergewaltigt wird, bewusst wie unbewusst.

Vor diesem Hintergrund markieren die in der moraltheologischen Tradition schematisierten Todsünden[191] grundlegende Felder des menschlichen Denkens und Handelns, aufgrund derer eine solche Verzwecklichung von Personen geschieht und damit eine grundlegende Abweichung vom Schöpfungsplan bedingungsloser und zweckfreier Liebe. Die Unterscheidung von Todsünde (als schwerer Sünde) und lässlicher Sünde findet sich kirchenamtlich explizit im Beichtdekret des Konzils von Trient (1545-1563),[192] mit dem die Gläubigen zum vollständigen Bekenntnis der Sünden „gesondert und im Einzelnen" (*in specie ac singillatim*) verpflichtet werden, „aller Todsünden, derer sie sich nach gewissenhafter Selbsterforschung bewusst sind", und dies gilt für all jene schweren Sünde, „auch wenn sie ganz im Verborgenen und nur gegen die zwei letzten Vorschriften der Zehn Ge-

189 Ignatius von Loyola, Exerzitien Nr. 150-154.

190 Vgl. Peter Schallenberg, Geiz und Verschwendung. Von der Todsünde zur sozialen Sünde, in: Wort und Antwort 49 (2008) 167-172.

191 Vgl. Anton Meinrad Meier, Das *peccatum mortale ex toto genere suo.* Entstehung und Interpretation des Begriffes. Eine moraltheologische Studie unter besonderer Berücksichtigung der Lehre des hl. Thomas von Aquin, Regensburg 1966; Bruno Schüller, Todsünde – Sünde zum Tod? Bedenken zur Theorie der Entscheidung, in: Theologie und Philosophie 42 (1967) 321-340.

192 Vgl. Livio Melina, Camminare nella Luce dell` Amore. I fondamenti della morale christiana, Siena 2008, 472-475.

bote begangen wurden."[193] Und zur Unterscheidung der beiden Sündenarten heißt es in eben jenem Dekret weiter: „Denn obwohl die verzeihlichen Sünden, durch die wir nicht von der Gnade Gottes ausgeschlossen werden und in die wir häufiger fallen, zu Recht, mit Nutzen und ohne jede Vermessenheit im Bekenntnis genannt werden können (Kan. 7), was der Brauch frommer Menschen bezeugt, so können sie dennoch ohne Schuld verschwiegen und durch viele andere Heilmittel gesühnt werden. Da aber alle Todsünden, auch die des Gedankens, die Menschen ‚Kindern des Zornes'[194] und Feinden Gottes machen, ist es notwendig, auch für alle mit einem offenen und ehrfürchtigen Bekenntnis von Gott Verzeihung zu erbitten."[195] Bemerkenswert ist an diesen Festlegungen zweierlei: Zunächst wird deutlich unterschieden zwischen Todsünde und lässlicher Sünde, und zwar mit Bezug auf das Gottesverhältnis. Denn der Tod der lebendigen Beziehung zu Gott und die Zurückweisung der durch die Taufe in die Seele eingegossenen Gnade Gottes macht die Todsünde so gefährlich, obschon das Tridentinum auf eine nähere Definition oder detailliertere Aufzählung der Todsünde verzichtet. Die Differenzierung zwischen Todsünde als schwerer Sünde[196] und lässlicher Sünde war in der Theologie heimisch geworden, ohne dass die Frage be-

193 Denzinger-Hünermann Nr. 1679f.; ebd. Nr. 1707.

194 Eph 2,3.

195 Denzinger-Hünermann. Nr. 1680.

196 Vgl. Richard Bruch, Das Wesen der schweren Sünde nach der Lehre des hl. Thomas von Aquin, in: Ders., Moralia varia. Lehrgeschichtliche Untersuchungen zu moraltheologischen Fragen, Düsseldorf 1981, 146-165; Thomas Schüller, Die „schwere Sünde (peccatum grave)" – kirchenrechtliche Hinweise zu einem moraltheologischen Begriff, in: George Austin u. a. (Hgg.), Christliches Ethos und Lebenskultur, aaO, 317-329.

antwortet war, welche Vergehen als Todsünden eingestuft wurden und warum.[197] Allerdings gelten als Kriterien zur Identifizierung einer schweren Sünde: schwerwiegende Materie, volles Bewusstsein und bedachte Zustimmung, wobei traditionellerweise das erste Kriterium als vorrangiger Gesichtspunkt gilt.[198] Zweitens aber ist eindeutig im tridentinischen Beichtdekret die Ausweitung der möglichen schweren Sünden über den Bereich der äußeren Tat hinaus auch auf das weite Feld der inneren Gesinnung festzustellen. Denn dies ist ja der Sinn des Hinweises auf das Begehrensverbot in den zwei letzten Geboten des Dekalogs. Jede äußere Tat wurzelt in einer inneren Gesinnung und Entscheidung und bereitet sich im Denken und Empfinden eines Individuums vor. Deutlich ist damit der Schwerpunkt auf eine innere Möglichkeit der Entscheidung des Menschen für das Gott-Widrige und für eine dementsprechende äußere Tat gelegt. Im eigentlichen Sinn Sünde ist nur die Todsünde oder schwere Sünde; sie hat den Verlust der heiligmachenden Gnade Gottes zur Folge, da sie eine willentliche Abkehr von der Liebe bedeutet. Thomas von Aquin formuliert: „Wenn der Wille sich zu etwas entschließt, was der Liebe, durch die der Mensch auf das letzte Ziel hingeordnet wird, in sich widerspricht, dann ist diese Sünde von ihrem Objekt her tödlich."[199] Hingegen ist die lässliche Sünde nur

197 Vgl. Josef Schuster, Das Bekenntnis der Sünden. Überlegungen zum Bußsakrament, in: Theologische Revue 102 (2006) 89-102; Helmut Weber, Todsünde – lässliche Sünde, in: Trierer Theologische Zeitschrift 82 (1973) 93-119.

198 Vgl. Johannes Paul II., Enzyklika „Veritatis splendor" (1993) Nr. 65 und Nr. 70.

199 Thomas von Aquin, Summa Theologiae I-II q 88 a 2.

Sünde im analogen Sinn,[200] sodass sich präzisieren lässt: „Nicht die einzelne sündhafte Tat, so ernst sie auch zu nehmen und sosehr sie zu meiden ist, zerstört schon das Band zwischen Gott und Mensch; es ist erst das ständige und sich immer mehr zu radikaler Bosheit verdichtende Sündigen."[201] Bosheit aber übersetzt sich, anders gewendet, als dauerhafte und zum Laster gewordene Lieblosigkeit gegenüber Gott und den Mitmenschen, insofern kein Nutzen zugunsten der eigenen Interessen gesehen wird.

Keine schwere Sünde – verstanden als Tod einer liebenden Beziehung – fällt wie ein Blitz aus heiterem Himmel. Sie bereitet sich langsam im Herzen und im Empfinden, in der Gedankenwelt und auch im Sprechen vor und breitet sich schleichend aus, noch bevor sie die Kontur einer äußeren Tat annimmt. Mehr noch: Jede Wurzelsünde als Verweigerung wirklicher Liebe wurzelt letztlich im existentiellen Zweifel an der Liebens-Würdigkeit der eigenen Existenz und folglich auch jeder anderen menschlichen Existenz. Es ist zutiefst der Zweifel an ewiger Gnade; Graham Greene (1904-1991) hat dies meisterhaft in seinem Roman „Das Herz aller Dinge" dargestellt: „Er hat nie an Gnade und Barmherzigkeit geglaubt, nicht für sich jedenfalls, immer nur für andere."[202] Verfestigt sich diese „Sünde wider den Heiligen Geist" – insofern der Hl. Geist ja nichts anderes ist als die in das Herz des Getauften eingegossene Gnade und Liebe des Vaters und da-

200 Ebd. a 1 ad 1: „divisio peccati venialis et mortalis non est divisio generis in species, quae aequaliter participent rationem generis, sed analogice …"

201 Helmut Weber, Allgemeine Moraltheologie, Graz 1991, 295.

202 Graham Greene, Das Herz aller Dinge, München 2003, 348.

durch Liebe zu mir selbst als Geschöpf Gottes[203] – so folgt daraus der Tod des von Liebe lebenden Menschen selbst, letztlich die Abschaffung des Menschen, insofern dieser nicht nur als funktionierende Maschine, sondern als beseeltes und sinnsuchendes Wesen verstanden wird.[204] Darin läge dann die radikalste Möglichkeit zur Sünde und zur Schuld eines menschlichen Lebens: die Verweigerung gegenüber der grenzenlosen Liebe des Schöpfers zum Geschöpf, die Versuchung zu radikaler Interesselosigkeit jenseits verwertbarer Eigeninteressen. Dies nämlich ist das genaue Gegenbild zu Gottes unbedingtem Interesse an jedem Menschen. Josef Pieper notiert treffend über diese innere tödliche Bosheit als Widerpart der göttlichen Liebe: „Die Kehrseite ist das Nicht-lieben-Können, die prinzipielle Teilnahmslosigkeit, the dispairing impossibility that nothing matters. Nicht der Hass ist das wahre Widerspiel der Liebe, sondern die verzweifelte Gleichgültigkeit, für die nichts von Belang ist. Das Wort von der Verzweiflung ist hier wörtlicher zu nehmen, als es vielleicht zunächst geschieht. Die Haltung der radikalen ‚Wurstigkeit' (‚es ist alles egal') hat in der Tat etwas mit dem Geisteszustand der Verdammten zu tun. In Dostojewskis Roman von den Brüdern Karamasow sagt der Starez Sossima: Ihr Väter und Lehrer, was ist die Hölle? Ich den-

203 Vgl. Romano Guardini, Die Annahme seiner selbst, aaO, 31: „Dieser Geist kann auch wirken, dass ich meiner inne werde. Er kann machen, dass ich die haarschmale und doch so tief trennende Ferne durchmesse, die zwischen mir und mir-selbst liegt. Er kann wirken, dass ich den Frieden mit mir gelange. Denn in mir ist ja kein Friede. All jene Fragen, die das ‚Warum' enthalten und das ‚Ich', sind ja Ausdruck einer tiefen inneren Entzweiung. Ich bin mit mir selbst uneins; deshalb weiß ich nicht um mich."

204 Vgl. eindrucksvoll Clive S. Lewis, Die Abschaffung des Menschen, aaO.

ke, sie ist der Schmerz darüber, dass man nicht mehr zu lieben vermag."[205] Solche radikale, im Herzen des Menschen als Möglichkeit schlummernde und alles mit dem erstickenden Ölfilm des Desinteresses überziehende Lieblosigkeit kann sich freilich in verschiedener Weise tarnen, auch als verwirrte Liebe des Haben-Wollens. Dies zeigt erschütternd deutlich die Darstellung der Gott letztlich im Wege stehenden Mutter- und Gattenliebe bei Clive S. Lewis: „Menschen dieser Gattung sind manchmal imstande, die Seele, die sie zu lieben behaupten, in grenzenloser Weise ins Elend zu reißen, wenn sie sie nur noch in irgendeiner Weise besitzen können."[206]

Seit Gregor dem Großen (540-604) und seinem bahnbrechenden Werk „Moralia in Job"[207], mit dem er an Schriften der Wüstenväter anschließt, werden sieben grundlegende Todsünden beschrieben: Faulheit (*acedia* als Wurzelsünde der inneren Antriebslosigkeit)[208], Zorn (*ira*), Wollust (*luxuria*), Neid (*invidia*), Geiz (*avaritia*), Völlerei (*gula*) und Stolz (*superbia*). Sie alle lassen sich bündeln in einem Wort von Bernhard von Clairvaux (1090-1153): „Es ist das ständige Leben im Elend aus

205 Josef Pieper, Über die Liebe, München 1987, 116.

206 Clive S. Lewis, Die große Scheidung, Einsiedeln 1984, 113.

207 Vgl. Hubertus Drobner, Lehrbuch der Patrologie, Frankfurt/M. 2004, 474: „Während Gregor vieles seiner Augustinus-Lektüre verdankt, unterscheidet er sich doch in einem Punkt wesentlich: Er räumt dem freien Willen und der Entscheidung des Menschen gegenüber der Gnade Gottes weit größeren Freiraum ein."

208 Vgl. kenntnisreich Rüdiger Augst, Lebensverwirklichung und christlicher Glaube. Acedia – religiöse Gleichgültigkeit als Problem der Spiritualität bei Evagrius Ponticus, Frankfurt/M. 1990; Gabriel Bunge, Akedia. Die geistliche Lehre des Evagrios Pontikos vom Überdruß, Würzburg 1995; Michael Theunissen, Vorentwürfe der Moderne. Antike Melancholie und die acedia des Mittelalters, Berlin 1996.

Angst vor dem Elend!“[209] Dabei handelt es sich nicht um Tatsünden, sondern um Haltungssünden: Es werden in Parallele zu den sieben Tugenden innere Haltungen, Begehrlichkeiten und falsche Abhängigkeiten beschrieben. Damit sollen schematisierend einige große Felder der radikalen Versuchbarkeit des Menschen abgesteckt werden.[210] Wiederum gerät so die spezifische Freiheit des Menschen in den prüfenden Blick: Wozu neigt die Freiheit, was erstrebt sie und was wählt sie aus? In der katholischen Tradition der Moraltheologie und auch der nach dem Tridentinum mächtig aufblühenden Beichtstuhlkasuistik wurde die Bedeutung der individuellen Freiheit hinsichtlich der Ausbildung einer ethischen Persönlichkeit fast durchgehend unterschätzt. Denn jeder individuellen Wahlfreiheit geht ja eine vielfach gebrochene und höchst unterschiedlich geprägte Freiheit des Individuums voraus, die eine moralische Kompetenz der Person sehr deutlich einschränken kann, ohne dass dies allen Beteiligten immer genügend bewusst wäre.

Freiheit wird christlich immer als auf das Gute bezogen verstanden, also je schon moralisch qualifiziert; sie beginnt mit der Annahme seiner selbst und der liebenden Annahme jeder Person und setzt sich sodann um in konkrete Taten des guten Lebens. Freiheit in diesem Sinn ist „nicht als Möglichkeit zu indifferenter Beliebigkeit zu verstehen, sondern qualitativ als Selbstbestimmung zur Erlangung des Zieles des eigenen Menschseins, das in der Vollendung seines Wesens, seiner Gottebenbild-

209 Zit. bei Gianfranco Ravasi, Le porte del peccato. I sette vizi capitali, Milano 2007, 91; Thomas Schumacher, Kurze Geschichte der Sünde, München 2021.
210 Vgl. Wolfgang Sofsky, Das Buch der Laster, München 2009.

lichkeit besteht. Diese ,Wesensfreiheit' des Menschen vollzieht sich existentiell im Modus der Wahlfreiheit des Menschen, verstanden als Selbstbestimmung und Herrschaft über das eigene Handeln durch den eigenen Willen und Verstand, ebenso wie der Mensch sich im Gebrauch dieser Wahlfreiheit auch selbst entfremden und zerrütten kann."[211] Menschliche Freiheit verwirklicht sich demnach zuallererst in der versöhnten Freiheit zu sich selbst, in Freiheit sich und sein Leben bejahen zu können und sodann nach schrittweiser Verbesserung zu streben und nach größeren Möglichkeiten der Liebe und Hingabe.

Im Hintergrund steht die Überzeugung von der beständigen Gefährdung der Freiheit, das Gute für unattraktiv und das Böse für attraktiv zu halten; dies bündelt sich theologisch im Begriff der Erbsünde, die zwar in der Taufe getilgt wird, deren Folgen aber als Konkupiszenz, also als Neigung zum Bösen, verbleiben. Die Erbsünde ist im analogen Sinn Sünde, da sie individuell nicht zurechenbar ist. Gemeint ist nach Helmut Hoping eine „Wurzel des Bösen in uns, die tiefer reicht, als jeder bewusste Freiheitsakt"; sodass gefolgert werden kann: „Aber nicht das ,Ich' als solches ist sündhaft, auch nicht das ursprüngliche Vertrautsein mit sich, das unserem bewussten Leben zu Grunde liegt. Sündhaft ist eine sich auf sich selbst versteifende Selbstbezogenheit des Ich. Will man am Kern des Erbsündendogmas festhalten, ist anzunehmen, dass diese sündhafte Form der Egozentrizität schon mit dem ersten Auftreten von Subjektivität in unserem bewussten

211 Klaus Baumann, Das Unbewußte in der Freiheit, Rom 1996, 158.

Leben gegeben ist."[212] Zugleich ist hier auch an das Verhältnis von Evolutionstheorie und Erbsündendogma zu denken: Die bloße, durch Evolution entstandene belebte Natur und ihre Lebewesen kennen die Haltung der Liebe nicht, bloß eine gegenseitige Verbindung von Interessen mit dem Ziel des Überlebens. Der Mensch als Geistwesen nach dem Bild Gottes aber kennt als Möglichkeit des Guten (und nicht nur des Nützlichen) darüber hinaus, also die Natur transzendierend, die unbedingte Anerkennung Gottes und des Mitmenschen, auch ohne dass diese sich für ihn in seiner naturhaften Egozentrizität als nützlich erweisen. Solche unbedingte Anerkennung heißt Liebe: Bejahung der Notwendigkeit Gottes und der Notwendigkeit des Mitmenschen unabhängig von der Bedingung, sie seien nützlich für mich. Dass am Anfang der Menschheit dieser Schritt zur Liebe, dieses Überschreiten der naturhaften Eigenliebe verweigert wurde und seitdem als zum menschlichen Erbgut gehörend von jedem Menschen verweigert wird, heißt Erbsünde. „Im Rahmen einer sich legitim beschränkenden Evolutionstheorie könnte man die Erbsünde als die Verweigerung eines Schrittes bezeichnen, den zu tun in einem bestimmten Augenblick fällig war und der durch eine göttliche Herausforderung ermöglicht wurde. Das Nichttun dieses Schrittes ist die erste, folgenreiche Schuld des Menschen, das *peccatum originale*. Der Schritt hätte in der ausdrücklichen Anerkennung Gottes gelegen, die identisch war

212 Helmut Hoping, Bewusstes Leben, Egozentrizität und die Macht des Bösen. Zum Verständnis der Erbsünde, in: Ders. / Michael Schulz (Hgg.), Unheilvolles Erbe? Zur Theologie der Erbsünde (= Quaestiones Disputatae 231), Freiburg/Br. 2009, 180-191, hier 187.

mit der Anerkennung, selbst nicht Gott zu sein. Dieser Schritt, wenn er getan worden wäre, hätte die Menschheit in einen ganz anderen Zustand versetzt, als es der ist, in dem wir uns jetzt befinden. Der jetzige Zustand mag naturalistisch-evolutionistisch erklärbar sein. Aber gerade dass er so erklärbar ist, zeigt, dass es der falsche Zustand ist."[213] Diesen falschen Zustand überwindet Gott selbst in der Offenbarung in seinem Sohn Jesus Christus und eröffnet damit den Freiheitsraum der Kirche, der Sakramente, der göttlichen Liebe: Durch die Taufe ist der Christ Kind Gottes, hat Anteil am göttlichen Leben und am Wesen Gottes, der Liebe ist. Was bleibt ist die Konkupiszenz, die Neigung des Individuums, in die alte Haltung der Egozentrizität zurückzufallen. Daher braucht es die beständige und lebenslange Anstrengung, diese Konkupiszenz und diese verbohrte Eigenliebe zu bekämpfen. Ignatius von Loyola notiert dazu lapidar: „Denn es bedenke ein jeder, dass er in allen Dingen des Geistes so weit gefördert werden wird, als er herausspringt aus deiner Eigenliebe, seinem Eigenwillen und seinem Eigennutz."[214]

---

213 Robert Spaemann, Über einige Schwierigkeiten mit der Erbsündenlehre, in: Ders., Das unsterbliche Gerücht. Die Frage nach Gott und die Täuschung der Moderne, Stuttgart 2007, 185-211, hier 211.

214 Ignatius von Loyola, Exerzitien Nr. 189.

8. Bekehrung

Vor der Handlung eines Menschen steht seine innere Haltung und davor noch der letzte innere Halt, aus dem heraus er denkt und handelt. Das Handeln folgt dem Sein, „agere sequitur esse" lautet daher ein klassischer scholastischer Grundsatz. Klaus Demmer notiert: „Sünde ist ursprünglich ein Prozeß, ehe sie als Akt in Erscheinung tritt."[215] Grundhaltungen werden unmerklich ausgehöhlt und veröden, weil der letzte Halt des von Gott-geliebt-Seins verblasst; innere Einsichtsstände verkümmern; Kraftquellen der eigenen Berufung versiegen. So formuliert es die katholische Moraltheologie nach dem II. Vaticanum, nicht zuletzt im Anschluss an die geistliche Tradition bei Ignatius von Loyola und seinen Überlegungen zur Grundentscheidung für Gott und zur Lebensentscheidung für einen bestimmten Lebensstand: Eine Grundentscheidung stirbt langsam und unmerklich, oft und leicht folgt dann das Verblassen der Lebensentscheidung und die aufgelöste Treue. Jede Sünde und jede Schuld hat biografisch ihre Vorgeschichte aus Möglichkeiten und Grenzen eigener Freiheit. Auch die liebende Beziehung zu Gott hat ihre Geschichte, und wenn sich die Gottesbeziehung immer in Einzelhandlungen ausdrücken will, so wie genau auch die liebende Beziehung zu einem Menschen, dann steht an der Wurzel der Sünde stets die Weigerung, in der eigenen Lebenszeit Gottes Güte erkennen zu wollen. Sünde wäre so gesehen der

215 Klaus Demmer, Deuten und Handeln, Freiburg/Schweiz 1985, 227; vgl. ders., Die Sünde – eine Lebensverfehlung, in: Trierer Theologische Zeitschrift 118 (2009) 201-211.

verzweifelte Versuch, sich über die erfahrenen Sinnlosigkeiten des eigenen Lebens hinwegzutäuschen oder zu beschwichtigen. Selbsthass und Menschenhass treten ein, noch längst bevor ein eigentlicher Gotteshass beginnt. Anders gewendet: Todsünde wäre dann die vollkommene Verdunkelung der eigenen, von Gott empfangenen Berufung als Christ; schwere Sünde die zugelassene oder willentlich herbeigeführte Verschleierung dieser Berufung; lässliche Sünde eine ungeordnete Neigung zu vergänglichen geschaffenen Gütern. All dies aber beginnt in der Grundentscheidung, ohne das deswegen, wie Johannes Paul II. (1920-2005) zu Recht in der Enzyklika „Veritatis splendor" warnt, Grundentscheidung und Todsünde als identisch gesehen werden dürften: „Die Grundorientierung kann also durch konkrete Einzelhandlungen völlig umgeworfen werden. Zweifellos kann es unter psychologischem Aspekt viele komplexe und dunkle Situationen geben, die auf die subjektive Schuld des Sünders Einfluß haben mögen. Aufgrund einer Betrachtung auf psychologischer Ebene kann man jedoch nicht zur Schaffung einer theologischen Kategorie, wie gerade diejenige der ‚optio fundamentalis', übergehen, wenn sie so verstanden wird, dass sie auf der objektiven Ebene die traditionelle Auffassung von Todsünde ändert oder in Zweifel zieht."[216] In der Tat geht es um den Zusammenhang von objektiver Sünde und subjektiver Schuld, der insbesondere im Beichtsakrament in den Blick kommen soll: Die menschliche Freiheit zum Guten durchläuft eine Geschichte und dies im Ausgang von einer bewussten Grundentscheidung zum

216 Johannes Paul II., Enzyklika „Veritatis splendor" (1993) Nr. 68.

Guten und der dann folgenden Durchsetzung des Guten im eigenen Leben.[217] Gedacht ist an eine geglückte Motivationsgeschichte, die eine ganze Lebenszeit erfüllen soll. Wird aber an der Wurzel gesündigt, so folgt das Versagen in konkreten Einzelsünden auf dem Fuß. „Die Grundentscheidung ist alles andere als eine geschichtsenthobene Größe, sie unterliegt vielmehr allen Risiken der Freiheitsgeschichte. Sie lässt sich mit einer Intensitätsbewegung vergleichen, die in der dauernden Gefahr steht, hinter sich selbst und erkannten wie erfassten Möglichkeiten zurückzubleiben. Das zeitigt Konsequenzen auf der Ebene der Einzelentscheidungen. Sie verlieren an Spannkraft, weil ihnen die notwendigen Impulse fehlen. Und so kann es nicht ausbleiben, dass ihre äußere Gestalt in Mitleidenschaft gezogen wird. Es ist ein lautloser Zerfallsprozess, Unvollkommenheiten graben sich ein, und irgendwann ist der Moment des Umschlags erreicht. Der Boden war vorbereitet, so dass die Anlässe des Versagens immer nichtiger wurden."[218] Die Beichte soll der nüchternen Analyse einer solchen Verfallsgeschichte ebenso dienen wie der Erkenntnis von persönlicher Schuld[219] und zugleich bereitet sie eine behutsame Prophylaxe vor: Jeder getaufte Christ ist verantwortlich für das Geschenk der göttlichen Gnade und lebt unter der heilsamen Erwartung Gottes, mit dieser Gnade zusammenzuarbeiten.

217 Vgl. Eugen J. Cooper, Grundentscheidungstheorie und theologische Sündenlehre, in: Klaus Demmer / Karl-Heinz Ducke (Hgg.), Moraltheologie im Dienst der Kirche. FS W. Ernst, Leipzig 1992, 114-128.

218 Klaus Demmer, Das vergessene Sakrament. Umkehr und Buße in der Kirche, Paderborn 2005, 45.

219 Vgl. Herbert Schlögel, Und vergib uns *meine* Schuld. Wie auch wir ... Theologisch-ethische Skizzen zur Versöhnung und Sünde, Stuttgart 2007, bes. 11-32.

Wenn Sünde wesenhaft Untreue gegenüber der Lebensentscheidung und gegenüber dem Lebensweg mit Gott ist und diese Untreue sich fast unmerklich verdichtet und ausbreitet, dann ist freilich auch die Gegengeschichte der Bekehrung ein Weg des Nachdenkens, des Ausleidens und der beherzten Korrektur innerer Fehlhaltungen und äußerer Lebensumstände.[220] Eine solche Bekehrung ist existentiell nur möglich gegenüber einer Person, nämlich Christus, niemals nur angesichts von Gesetzen und Normen, so hilfreich zur Erkenntnis des Vergehens sie auch sein mögen. Sehr schön deutlich wird dies in drei paradigmatischen Erzählungen des Neuen Testamentes, beim Evangelisten Lukas. Das Gleichnis vom verlorenen Sohn[221] legt den Akzent auf die freie Entscheidung des Sohnes und den offenkundigen Mehrwert des Auszuges aus dem Vaterhaus: Die ungebundene Freiheit erscheint verlockender als das Leben in der Gemeinschaft mit Gott; die Parallele zum inneren und äußeren Auszug Adams und Evas aus dem Paradies ist unübersehbar. Es bleibt jedoch im Herzen des Sohnes die schemenhafte Erinnerung an das verlorene ursprüngliche Glück. Es ist genau das scholastische *desiderium naturale*, das natürliche Verlangen nach mehr, als nur mit den Futterschoten der Schweine abgespeist zu werden, das nun in der Zeit existentieller Not zur Umkehr bewegt. Dass diese Erinnerung als Ahnung der ursprünglichen Liebe des Vaters bleibt, ist ungeschuldete Gnade Gottes, wirksam auch nach dem Sündenfall; dass sie sich zur Umkehr in das Haus des Va-

220 Vgl. Richard Bruch, Die Bekehrung als Grundvoraussetzung christlicher Existenz, in: Ders., Moralia varia, aaO, 199-216.

221 Vgl. Lk 15,11-32.

ters konkretisiert und aufrafft, ist freie Entscheidung und Tat des Menschen, dem die Taufgnade zu Hilfe kommt. Auch die Erzählung von Zachäus[222] hebt an mit der durch soziale Isolation beflügelten, sehnsuchtsvollen Neugierde des Zachäus, die ihn buchstäblich auf die Bäume treibt, um Jesus von Nazareth zu sehen. Und dieser vollendet den Anfang der Bekehrung, indem er bei ihm zu Haus einkehrt und ihn endgültig zur Gutheit erlöst: Die Erfahrung grenzenloser liebender Vergebung befähigt den Zachäus zu einem radikalen Neubeginn. Der Bericht von Petrus im Boot[223] hingegen trägt schon österliche Züge: Erst der überreiche Fischfang als Bild der überbordenden Gnade Gottes lässt die eigene Armseligkeit und ihre beckmesserische Krämerkunst des Aufrechnens als Kern jeder Sünde sehen und den Petrus stammelnd bekennen: Herr, geh weg von mir Sünder! Erst der Glaube an die Auferstehung lässt die Hoffnung auf göttliche Vergebung wachsen; erst die Möglichkeit der göttlichen Vollendung eigener menschlicher Unvollkommenheit lässt die Umkehr sinnvoll erscheinen; erst die Hoffnung auf die endgültige Vollendung der eigenen Lebensgeschichte durch Gott lässt die mühselige Anstrengung des Alltags nicht vor der Zeit erlahmen im Fegefeuer.[224] In der Bekehrung wendet sich der Mensch erneut dem lebendigen Gott zu

---

222 Vgl. Lk 19,1-10.

223 Vgl. Lk 5,4-11.

224 Vgl. zum Hintergrund Jacques Le Goff, Die Geburt des Fegefeuers. Vom Wandel des Weltbildes im Mittelalter, München 1991; Karl Lehmann, Was bleibt vom Fegefeuer?, in: IKZ Communio 9 (1980) 236-243; daneben Helmut Vordermayer, Die Lehre vom Purgatorium und die Vollendung des Menschen. Ein moraltheologischer Beitrag zu einem umstrittenen Lehrstück aus der Eschatologie, Innsbruck 2006.

und erkennt in ihm die unübersteigbare Sehnsucht des eigenen Lebens. Im Sündenbekenntnis der Einzelbeichte stellt sich der Mensch seiner Schuld und spricht sie aus vor Gott: „Das ‚Aus-Sprechen' nötigt nicht nur zur präziseren Analyse der eigenen Situation und zu eindeutigerem Wissen über das Tun und seinen Horizont, sondern Analyse und Wissen kommen im Aussprechen erst zustande."[225] Zugleich vollzieht sich diese Bekehrung in der Gemeinschaft der Kirche, verstanden als der von Gott wiederhergestellte Raum des Paradieses. Kirche lebt ja aus den Sakramenten, und diese schenken dem Menschen als „Fremdling auf Erden"[226] das neue und ewige Vaterhaus Gottes. Die subjektive Bekehrung zur objektiven Tatsache der Liebe Gottes vollzieht sich im Bekenntnis der Sünden, der Reue und im Empfang der Lossprechung. Die Freiheit des Menschen wird ermächtigt zur Versöhnung mit sich selbst, mit dem Mitmenschen und der Gemeinschaft der Kirche und mit Gott. Die Buße konkretisiert das Ausleiden des Sünders und die Genugtuung, sie steht unter der doppelten Signatur des Zutrauens und der Zumutung.[227] Leitend ist dabei stets der feste Glaube, dass nur Gott absolut, also losgelöst von jeder Bedingung der eigenen Leistung, liebt und Erbarmen mit der eigenen Existenz zu schenken vermag. Denn vollendete Selbstliebe ist ohne die Erfahrung Gottes nicht denkbar, geschweige denn lebbar.

---

225 Paul Josef Cordes, Besiege das Böse mit dem Guten. Grenzen der Psychologie und die Kraft des Glaubens, Augsburg 2009, 103.

226 Vgl. literarisch eindrucksvoll Julien Green, Fremdling auf Erden, München 2006.

227 Dies unterstreicht aus evangelischer Sicht Peter Zimmerling, Studienbuch Beichte, Göttingen 2009.

9. Handlung

Die menschliche Handlung

Aus dem existentiellen Halt der unverbrüchlichen Gottesliebe und der Haltung der Tugenden erwächst das konkrete Verhalten, die Handlung. Wenn auch die Person stets mehr ist als die Summe ihrer Handlungen, so sind diese doch immer Ausdruck von inneren Entscheidungen und Haltungen. Als menschliche Handlung (*actus humanus*) wird jene Handlung definiert, die aus vernünftiger Einsicht und freiem Willensentschluss hervorgeht, für die also der Mensch verantwortlich ist und auch zur Rechenschaft gezogen werden kann. Dies setzt nach dem traditionellen scholastischen Axiom „nihil volitum nisi praecognitum“ (nichts ist gewollt, was nicht vorher erkannt ist) die Erkenntnis voraus, und zwar als Erkenntnis des Wertes eines Gutes. Was hier scheinbar verdoppelt ausgesagt wird, ist doch genau zu unterscheiden: Gut meint die objektive Seite eines Zieles, Wert die subjektive Attraktivität. Ein Gut muss nicht nur objektiv als gut erkannt werden (Es ist gut, treu zu sein!), sondern muss als subjektiv wertvoll für die einzelne Person in den Blick treten, dieser Person also als attraktiv und als Mehrwert erscheinen – es ist gut für mich, dieser Person treu zu sein. Jede Handlung beginnt also längst vor ihrer äußeren Sichtbarkeit im inneren Vorgang von Erkenntnis, Willen und Affekten.[228]

---

228 Alexander Brungs, Metaphysik der Sinnlichkeit. Das System der *Passiones Animae* bei Thomas von Aquin, Halle 2002.

Prinzipiell kann das spontan-instinktive Handeln des Menschen (*actus hominis*) unterschieden werden vom erkenntnisgeleiteten Handeln (*actus humanus*). Seit der griechischen Antike und der platonisch-aristotelischen Unterscheidung von *praxis* und *poiesis* lässt sich sodann nochmals unterscheiden zwischen dem Wirkhandeln, etwa einen Nagel zum Aufhängen des Bildes in die Wand zu schlagen, und dem Ausdruckshandeln, etwa einem Menschen einen Kuss zum Zeichen der Zuneigung zu geben. Im engeren Sinn gehören nur die Ausdruckshandlungen[229] zur moralischen Perspektive, insofern nur sie innere Gutheit verwirklichen; im weiteren Sinn werden auch Wirkhandlungen nach ihrer Sachgerechtigkeit ethisch beurteilt. Gemäß der scholastischen Erkenntnistheorie des kritischen Realismus ist die Wirklichkeit, die der *intellectus agens*, der aufnehmende Verstand, des Menschen abbildet, das Maß des Erkennens.[230] Die menschliche Handlung ist immer ein willentlicher Akt (*actus voluntarius*). Dieser willentliche Akt kann erkenntnisgeleitet, also ganz freiwillig (*voluntarium perfectum*), vom Wirken her in direkter Absicht (*voluntarium directum*), oder mit unbeabsichtigter aber vorausgesehener und tolerierter Nebenwirkung (*voluntarium indirectum*), etwa bei der Handlung mit Doppeleffekt, ausgeführt werden.[231] Vielfältig sind die möglichen Beeinträchtigungen der menschlichen Handlung: angefangen bei den inneren

229 Vgl. Rudolf Ginters, Die Ausdruckshandlung. Eine Untersuchung ihrer ethischen Bedeutsamkeit, Düsseldorf 1976.

230 Vgl. Klaus Demmer, Selbstaufklärung theologischer Ethik. Themen – Thesen – Perspektiven, Paderborn 2014, 19f.

231 Vgl. Franz Scholz, Objekt und Umstände, Wesenswirkungen und Nebeneffekte. Zur Möglichkeit und Unmöglichkeit indirekten Handelns, in: Klaus Dem-

Grenzen, Gewohnheiten und Unwissenheiten bis hin zu physischem und psychischem Zwang. Innere und äußere Begrenztheiten mindern die Schuldfähigkeit des handelnden Menschen.

Die moralische Handlung[232]

In der moraltheologischen Tradition werden drei Quellen der moralischen Handlung genannt:[233] der Gegenstand oder das Ziel der Handlung selbst (*finis operis*), die Absicht oder das Ziel des Handelnden (*finis operantis*) und die näheren Umstände (*circumstantiae*). Das gewählte Objekt oder der Gegenstand der Handlung ist ein Gut, auf das sich der Wille bewusst richtet.[234] Dieses Objekt bestimmt primär den sittlichen Charakter der Handlung; es kann in sich gut (Almosen) oder schlecht (Raub) oder indifferent (Annahme von herrenlosem Gut) sein. Freilich wird hier schon deutlich, dass die Formulierung einer Norm stets schon mit einer Wertung verbunden ist: Ob etwas in sich gut oder in sich schlecht sei, wird durch die Definition des infrage kommenden Gutes entschieden. So versteht sich etwa das Gebot „Du sollst nicht die

mer / Bruno Schüller (Hgg.), Christlich glauben und handeln. Fragen einer fundamentalen Moraltheologie in der Diskussion, Düsseldorf 1977, 243-260.

232 Vgl. zum Ganzen Josef Seifert, Was ist und was motiviert eine sittliche Handlung?, Salzburg 1976.

233 Vgl. Gerhard Stanke, Die Lehre von den „Quellen der Moralität“. Darstellung und Diskussion der neuscholastischen Aussagen und neuerer Ansätze, Regensburg 1984.

234 Vgl. Karl Hörmann, Die Prägung des sittlichen Wollens durch das Objekt nach Thomas von Aquin, in: Franz Böckle / Franz Groner (Hgg.), Moral zwischen Anspruch und Verantwortung. FS W. Schöllgen, Düsseldorf 1964, 233-251.

Ehe brechen!" nicht allein dadurch, dass es Gottes Weisung ist, sondern dem zuvor dadurch, dass die Ehe als schützenswertes Gut definiert wird. Ebenso verhält es sich mit den anderen Grundgeboten des Dekalogs: „Du sollst nicht unschuldiges Leben töten!" setzt die vorhergehende Definition sowohl von Unschuld – dies etwa ist wichtig im Blick auf die Lehre vom gerechten Krieg – wie auch von menschlichem Leben – dies wiederum ist wichtig für die Beurteilung der Tötung ungeborenen Lebens – voraus. „Du sollst nicht lügen!" setzt die Definition von Wahrheit und Lüge voraus wie auch die Unterscheidung boshafter Lüge und unvollständiger Wahrheit. „Du sollst nicht stehlen!" schließlich setzt eine oft schwierige Definition von Eigentum und Eigentumsrechten voraus bis hin zu sozialethischen Fragen nach gerechter Besteuerung zugunsten der Allgemeinheit und nach gerechtem Lohn. Die Annahme eines objektiven Zieles der Handlung kann die Gefahr des Objektivismus beinhalten; dem ist zu wehren mit dem Hinweis, dass im Objekt oft bestimmte Bedingungen miteingeschlossen sind, die eine Beziehung zur sittlichen Ordnung begründen, anders gesagt: dass es Handlungen gibt, die immer und überall in sich schlecht sind (*intrinsece malum*), ungeachtet einer möglicherweise guten Absicht des Handelnden, so etwa nach katholischer Lehre die direkte Tötung eines Sterbenden trotz der möglichen Motivation des Mitleids.

Die Absicht oder die Motivation des Handelnden ist das eigentliche Ziel der Person und ihres Willens. Eine Vielzahl von Handlungen kann auf ein letztes Ziel hingeordnet werden, etwa in der Grundentscheidung oder in einer Lebensentscheidung. Eine einzige Handlung kann dagegen auch, und dies wird häufig der Fall sein, von durchaus verschiedenen und gemischten Absichten getragen sein. Dann setzt sich zumeist eine grundsätzliche Motivation in verschiedenartigen Intentionen um, von denen eine die Oberhand gewinnt. Eine gute Absicht (Intention) macht ein an sich falsches Verhalten nicht gut, kann aber manchmal der Ausweg des kleineren Übels (*minus malum*) sein.[235] Eine schlechte Absicht hingegen macht die Handlung in sich schlecht, selbst wenn der Gegenstand an sich gut sein mag. Ideal gesprochen: Sache und Gesinnung sollen gleichermaßen richtig wie gut sein. Die Wirklichkeit aber zeigt demgegenüber vielfach bloß eine fragmentarische Gutheit und bleibt lebenslang vom Ideal der vollkommen guten Handlung provoziert, sodass oft nur ein Handeln im Kompromiss zwischen Idealität und Realität bleibt.[236] Dies gilt es gefasst in den Blick zu nehmen und lebenslang durchzutragen.

Demgegenüber spielen die Umstände[237] eine untergeordnete Rolle. Es sind dies nähere Bestimmungen, die an der sittlichen Qualität der Handlung grundsätzlich nichts verändern, wohl aber Gutheit oder Bosheit verstärken können. Dabei wird unterschieden zwischen Umständen, die den Grad der Moralität verändern, und Umständen, die die Art der Moralität verändern. Es gibt

235 Vgl. Richard Bruch, Die Bevorzugung des kleineren Übels in moraltheologischer Beurteilung. Ein problemgeschichtlicher Durchblick, in: Ders., Moralia varia, aaO, 166-186.

236 Vgl. Hans-Josef Wilting, Der Kompromiß als theologisches und als ethisches Problem, Düsseldorf 1975.

237 Vgl. Johannes Gründel, Die Lehre von den Umständen der menschlichen Handlung im Mittelalter, Münster 1963.

nämlich Handlungen, die nach Auffassung der katholischen Moraltheologie immer und überall in sich schlecht sind, wie etwa Tötung eines Unschuldigen (Mord), sexueller Missbrauch, Sklaverei, boshafte Lüge. Hier kann keine scheinbar gute Absicht und kein Umstand etwas an der Beurteilung ändern. Daneben aber gibt es die Handlung mit Doppeleffekt, also mit guter und schlechter Wirkung.[238] Eine solche Handlung ist auch mit einer schlechten Wirkung erlaubt, sofern vier Bedingungen erfüllt sind: (1) die Handlung, die ausgeführt wird, darf nicht in sich schlecht, sondern muss gut oder zumindest indifferent sein; (2) die gute Wirkung darf nicht erreicht werden vermittels der schlechten Wirkung, da kein guter Zweck die schlechten Mittel heiligt, sondern höchstens umgekehrt, oder es müssen beide Wirkungen gleichursprünglich aus der Handlung hervorgehen; (3) die schlechte Wirkung darf nicht direkt gewollt sein, sondern höchstens vorausgesehen und zugelassen; (4) der Handelnde muss einen entsprechenden und angemessenen Grund haben zu einer solchen Handlung mit Doppeleffekt, der umso schwerer wiegen muss, je schlechter die Wirkung und je sicherer die schlechte Wirkung und je weniger notwendig die Handlung ist. Auch wenn die Wirklichkeit niemals vollständig der theoretischen und schematisierenden Betrachtung von Motiven, Absichten und Handlungen entspricht: Die hier angestrebte präzise Unterscheidung von Erkenntnis und Wille erscheint unbedingt sinnvoll, um zu einem eigenständigen Urteil

238 Vgl. Peter Knauer, Das recht verstandene Prinzip von der Doppelwirkung als Grundnorm jeder Gewissensentscheidung in: Theologie und Glaube 57 (1967) 107-133.

und zur alltäglichen Güterabwägung vorstoßen zu können. Jeder Einzelhandlung gehen eine Erkenntnis und ein Urteil voraus; dadurch werden Ideale und Bedürfnisse abgewogen und an der widerständigen Wirklichkeit gemessen. Halt und Haltung setzen sich, trotz scheinbaren Scheiterns, in Verhalten um. In der moralischen Verantwortung eines Individuums liegt es, sich und anderen einen ausreichenden Freiraum ethischer Bewährung zu bereiten und zu ermöglichen.

10. Gewissen und moralisches Gesetz

Friedrich Hölderlin (1770-1843) deutet in seinem Gedicht „In lieblicher Bläue" das grundlegende Problem einer nichtchristlichen Ethik an: „Giebt es auf Erden ein Maaß? Es giebt keines." In christlicher Sicht ist Gott als Person das letzte Maß jeder Person; Gott als Gutheit schlechthin die letzte Norm aller Gutheit. Maßgebend wird dieses Urbild in der abbildlichen Ordnung der Schöpfung und insbesondere im Gewissen des Menschen. Daher ist zu fragen, in welcher Form das sittliche Sollen, also der unbedingte Anspruch göttlicher Gutheit und Liebe, an den Menschen herantritt, und wie im Gewissen dieser Anspruch des Sollens erkannt wird.

Primär ist das sittliche Naturgesetz ein vor-positives, unformuliertes Gesetz. Jedes Gesetz steht im Dienst der Ordnung. Das göttliche Gesetz (*lex aeterna*) ist Ordnung: Ausdruck des Willens Gottes und damit Urgrund aller Sittlichkeit. Das sogenannte Euthyphron-Paradox – „Wird das Fromme von den Göttern geliebt, weil es fromm ist, oder ist es fromm, weil es geliebt wird?"[239] –, angewendet auf die Frage nach der Begründung des sittlichen Sollens aus christlicher Sicht, verkürzt die Perspektive auf den Willen Gottes. Denn diesem zuvor steht das Sein Gottes, das reine Gutheit ist und sich in Schöpfung und Erlösung fortsetzt. Daher will Gott das Gute und gibt in seinem ewigen Gesetz allem Tun und aller Bewegung die Richtung auf das letzte Ziel. Dieses letzte Ziel

239 Plato, Euthyphron 10a; vgl. zur Bedeutung des Gottesbegriffs aus der Sicht philosophischer Ethik Friedo Ricken, Allgemeine Ethik, Stuttgart [5]2013, 30-34.

des Menschen und seiner Vernunft soll das gute Leben in der Gemeinschaft mit Gott sein. Das ewige Gesetz Gottes offenbart sich auf natürliche Weise in der Schöpfung (sittliches Naturgesetz) und auf übernatürliche Weise in der Erlösung durch Jesus Christus (Gesetz Christi). Vom Wesen her ist das sittliche Naturgesetz oder das natürliche Sittengesetz die „participatio legis aeternae in rationali creatura" – die Teilhabe des vernunftbegabten Geschöpfes am ewigen Gesetz.[240] Vorausgesetzt wird folgende Erkenntnis: Jeder Mensch als Geschöpf Gottes hat eine natürliche Neigung zum guten und gelungenen Leben. Es ist spezifisch menschlich, diesem Ziel nicht einfach instinktgesteuert zuzustreben, sondern in freier und verantworteter Entscheidung. Erkenntnis und Formulierung des sittlichen Sollens sind dem Menschen also von Natur aus, mehr noch: von der Natur als Schöpfung aus, eigentümlich: „Unter allen beseelten Wesen kann einzig der Mensch sich rühmen, gewürdigt worden zu sein, von Gott ein Gesetz zu empfangen. Als vernunftbegabtes Lebewesen, das zu verstehen und zu unterscheiden fähig ist, soll er das Verhalten seiner Freiheit und seiner Vernunft entsprechend regeln in Unterordnung unter den, der ihm alles übergeben hat."[241] Der Mensch ist genau dadurch Gottes Ebenbild, dass er „providentiae particeps, sibi ipsi et aliis providens" – für sich und für andere vorsorgend ist durch die Teilhabe an der göttlichen Vorsehung.[242] Die anfanghafte natürliche Neigung muss aber

240 Thomas von Aquin, Summa Theologiae I-II q 91 a 2.

241 Tertullian, Adverus Marcionem 2, 4

242 Thomas von Aquin, Summa Theologiae I-II q 91 a 2; vgl. zum Verhältnis von *lex aeterna* und Dekalog bei Thomas von Aquin Christian Schröer, Natürli-

vom Menschen bewusst erkannt und ausformuliert werden als sittlicher Maßstab der Selbstverwirklichung; so erst entsteht das sittliche Naturgesetz in der Vernunft des Menschen. Schon die römische Stoa sah in diesem *vivere secundum rectam rationem*,[243] also im Leben gemäß der rechten Vernunft, den eigentlichen Kern des sittlichen Naturgesetzes, sodass Cicero unterstreicht: „Es gibt ein wahres Gesetz: das der rechten Vernunft. Es stimmt mit der Natur überein, ist bei allen Menschen vorhanden und besteht unveränderlich und ewig."[244]

Das erste Prinzip dieses Gesetzes ist der Satz *bonum faciendum, malum vitandum* – das Gute ist zu tun, das Böse ist zu lassen. Die dann folgende Konkretisierung ist eine unbedingte Universalität des Gesetzes; es ist die Goldene Regel in verschiedenen Menschheitstraditionen, auch in der israelitischen Überlieferung und im Neuen Testament: „Alles nun, was ihr von den Menschen für euch erwartet, sollt auch ihr ihnen tun; denn das ist das Gesetz und die Propheten"[245]. Inhaltlich greift Immanuel Kant mit seinem kategorischen Imperativ diese Goldene Regel auf: „Handle nur nach derjenigen Maxime, durch die du zugleich wollen kannst, dass sie ein allgemeines Gesetz werde."[246] Und ähnlich formuliert Kant: „Handle so, dass du die Menschheit sowohl in deiner Person, als in der

ches Gesetz und Dekalog bei Thomas von Aquin, in: Markus Vogt / Wilhelm Korff (Hgg.), Gliederungssysteme angewandter Ethik, aaO, 198-226.

243 Vgl. Georg Wieland, Secundum naturam vivere. Über das Verhältnis von Natur und Sittlichkeit, in: Ders. (Hg.), Natur im ethischen Argument, Freiburg/Br. 1990, 13-31.

244 Cicero, De re publica 3, 22.

245 Mt 7,12.

246 Immanuel Kant, Grundlegung zur Metaphysik der Sitten, AA IV 421.

Person eines jeden anderen jederzeit zugleich als Zweck, niemals bloß als Mittel brauchst."[247] Allerdings setzt sich Kant insofern von der neutestamentlichen Formulierung ab, als er den Grund des Sollens universaler und objektiver beschreiben will. Und in der Tat ist die „Goldene Regel nur ein notwendiges, aber nicht zureichendes Kriterium des sittlich Richtigen"[248]; gefordert wird rein formal, Gleiches gleich und Ungleiches ungleich zu behandeln; konkrete Ungleichheit aber wird nicht erwähnt: „Man denke ja nicht, dass hier das triviale: *quod tibi non vis fieri etc.* zur Richtschnur oder Princip dienen könne. Denn es ist, obzwar mit verschiedenen Einschränkungen, nur aus jenem abgeleitet; es kann kein allgemeines Gesetz sein, denn es enthält nicht den Grund der Pflichten gegen sich selbst, nicht der Liebespflichten gegen andere (denn mancher würde es gerne eingehen, dass andere ihm nicht wohlthun sollen, wenn er es nur überhoben sein dürfte, ihnen Wohlthat zu zeigen), endlich nicht der schuldigen Pflichten gegen einander; denn der Verbrecher würde aus diesem Grunde gegen seine strafenden Richter argumentiren."[249] Konkreter zureichende Kriterien als Grundnormen finden sich in jüdisch-christlicher Tradition dann im Dekalog,[250] wobei sich der Teil der Zehn Gebote, der unmittelbar das menschliche Zusammenleben betrifft, nochmals in die vier Verbote des Mordes, der Lüge, des Ehebruchs und des Diebstahls zusammen-

247 Ebd., 429.

248 Werner Wolbert, Die Goldene Regel und das ius talionis, in: Ders., Was sollen wir tun? Biblische Weisung und ethische Reflexion, Freiburg/Schweiz 2005, 61-74, hier 74.

249 Immanuel Kant, Grundlegung zur Metaphysik der Sitten, AA IV 430.

250 Ex 20,2-17

fassen lässt. Das Gute in dieser Konkretion und Universalität will jeder Mensch von Natur aus. Die Summe solcher allgemein gültiger Normen wird daher als Naturrecht bezeichnet und bildet in dieser Form zugleich den Kern des modernen Völker- und Menschenrechts. Leitend ist dabei die Überzeugung, jeder Mensch habe von Natur aus eine unveräußerliche Würde und mithin einen jede Bewertung übersteigenden Wert.[251] In dieser Weise kann dann gesagt werden, das Sollen gründe im Sein, der ethische Anspruch verdanke sich der inneren Würde des Menschen, also seinem Sein. Dies ist kein naturalistischer Fehlschluss, als werde in unzulässiger Weise von einer naturhaften Tatsache auf eine Norm geschlossen, sondern gedacht ist an eine im Sein des Menschen wurzelnde Unverfügbarkeit, die den unbedingten Sollensanspruch begründet und schon einen ersten Hinweis auf konkrete Normen gibt.[252] Das menschliche Leben ist in dieser Sicht unhintergehbarer Referenzpunkt jeder Norm. So führt ein oftmals verschlungener Weg vom ursprünglichen Tötungsverbot bis hin zur Diskussion um das unbedingte Verbot der Abtreibung oder vom Verbot der Sklaverei hin

251 Immanuel Kant, Grundlegung zur Metaphysik der Sitten, AA IV 434: „Im Reiche der Zwecke hat alles entweder einen *Preis* oder eine *Würde*. Was einen Preis hat, an dessen Stelle kann auch etwas anderes, als *Äquivalent*, gesetzt werden; was dagegen über allen Preis erhaben ist, mithin kein Äquivalent verstattet, das hat eine Würde."

252 Vgl. Alexis Fritz, Der naturalistische Fehlschluss. Das Ende eines Knock-Out-Arguments, Fribourg 2009; daneben auch Otfried Höffe, Naturrecht ohne naturalistischen Fehlschluss. Ein rechtsphilosophisches Programm, Wien 1980; Peter Schaber, Naturalistischer Fehlschluß, in: Marcus Düwell u. a. (Hgg.), Handbuch Ethik, Stuttgart 2002, 437-440; Werner Wolbert, Naturrecht und Naturalismus, in: Ders., Gewissen und Verantwortung, Fribourg 2008, 177-211. Aus evangelischer Sicht vgl. Klaus Tanner, Der lange Schatten des Naturrechts, Stuttgart 1993.

zu gesetzlichen Bestimmungen zum Arbeitsschutz und zum Mitbestimmungsrecht. Stets steht das Optimum der Menschenwürde im Blickpunkt des ethischen Interesses. Bis zur Formulierung konkreter Normen im Bereich der Bioethik oder der Sexualethik ist es freilich ein weiter Weg, den die theologische Ethik nur im ständigen Dialog mit den Humanwissenschaften gehen kann.[253] Es ist aber das Kennzeichen des natürlichen Sittengesetzes, sich nicht primär auf die Wortoffenbarung der Bibel zu stützen. Und dennoch ist es keine vollkommen autonome, rein menschliche und von Gott unabhängige Eigenleistung der menschlichen Vernunft, der Offenbarung gleichsam unabhängig vorausgehend, sondern es ist Ausdruck der Gottebenbildlichkeit des vernunftbegabten Menschen und bleibt damit ungeschuldete Gnade. Daher formuliert die 2. Synode von Orange im Jahre 529 ungewöhnlich scharf und zugespitzt: „Nemo habet de suo nisi mendacium et peccatum“ – niemand hat etwas aus sich heraus, außer Lüge und Sünde!“[254] Trotzdem ist es Grundüberzeugung der katholischen Theologie, dass die menschliche Natur nicht vollkommen verderbt und korrumpiert, sondern nur gefallen und verletzt sei und damit unfähig, aus eigener, natürlicher Kraft zu Gott zu gelangen, gleichsam infiziert vom Bösen in doppelter Hinsicht: „per originale peccatum, quod dupliciter infecit humanam naturam, scilicet ignorantia mentem et concupiscen-

253 Vgl. zur theologischen Ethik im aktuellen Diskurs Markus Vogt, Das Spannungsfeld theologischer und philosophischer Ethik als Ausgangspunkt für die Gliederung normativer Reflexion, in: Ders. / Wilhelm Korff, Gliederungssysteme angewandter Ethik, aaO, 711-732.

254 Denzinger-Hünermann Nr. 392.

tia carnem" – durch die Ursünde, welche die Natur des Menschen zweifach schädigte, nämlich durch Unwissenheit den Geist und durch Begehrlichkeit das Fleisch.[255] Die grundsätzliche Neigung und Möglichkeit zum Guten jedoch blieb auch nach der Erbsünde und vor der Offenbarung Gottes in Christus erhalten. Dies genau wird dann als menschliche Wesensnatur bezeichnet: Die von Gott weiterhin und auch außerhalb der Offenbarung erhaltene Fähigkeit des Menschen, zum Guten zu streben.

Das natürliche Sittengesetz gelangt in der Glaubensgeschichte des Volkes Israel zu einer besonders eindrucksvollen Entfaltung, verschriftlicht im Dekalog, der unter dem einleitenden Satz „Ich bin der Herr, dein Gott!" und in Erinnerung an die leitende Erfahrung des Auszuges aus dem Sklavenhaus Ägypten das Gute unmittelbar mit Gott verknüpft. Aber die Gesetzestafeln bündeln doch nur brennglasartig das, was jeder Mensch von Natur aus als gut und richtig erkennen kann: „Gott hat auf die Gesetzestafeln das geschrieben, was die Menschen nicht in ihren Herzen lasen!"[256] Die Möglichkeit zur Erkenntnis des Guten und das sehnsuchtsvolle Bemühen um die Verwirklichung des Guten sind jedem Menschen ins Herz geschrieben, und zwar, insofern er Mensch ist, und nicht erst insofern er an Gott glaubt. Daraus folgert dann am Beginn der Neuzeit und nach der Entwicklung des modernen Völker- und Naturrechts in der Schule von Salamanca der niederländische calvinistische Rechtsphilo-

255 Bonaventura, Itinerarium mentis in Deum I 7.

256 Augustinus, Enarratio in Psalmos 57, 1; vgl. zum Hintergrund Klaus Demmer, Christliche Existenz unter dem Anspruch des Rechts. Ethische Bausteine der Rechtstheologie, Freiburg/Br. 1995.

soph Hugo Grotius (1583-1645) im Umkehrschluss: Der Mensch hat Würde und Recht „etsi Deus non daretur“, auch wenn es Gott, rein hypothetisch, nicht gäbe.[257] Eine explizite Gotteserkenntnis ist damit nicht Möglichkeitsbedingung der Erkenntnis von Menschenrechten, und diese gelten auch und ebenso im säkularen, wertpluralen Staat, ja sogar unabhängig von staatlichen Gesetzen und sogar dann, wenn diese anderes bestimmen sollten. Das genau bleibt der dauernde naturrechtliche Stachel im Fleisch der Demokratie: Die Wahrheit von der unbedingten Würde des Menschen ist nicht abhängig von der demokratischen Mehrheitsentscheidung. Daher ist es zutiefst christliche Überzeugung, dass dauerhaft die unbedingte Menschenwürde nur vollständig erkannt und erhalten wird im Licht des Glaubens an Gott. Anders gesagt: Menschenrecht ist Gottesrecht.

Mit der Parallelität von Menschenrecht und Gottesrecht ist aber eine entscheidende Frage berührt: Gibt es, über das sittliche Naturgesetz hinaus im Zeichen der einmal in Christus ergangenen geschichtlichen Offenbarung der Liebe des Vaters, eine spezifische christliche Moral, ein „Proprium christlicher Ethik“, schärfer ausgedrückt: Gibt es eine christliche Überbietung der humanen Ethik? Die Antwort kann aus Sicht der katholischen Moraltheologie nur lauten: Das viel gesuchte und diskutierte Proprium liegt nicht im Sollen, sondern im Können. Die traditionelle Moraltheologie brachte dies zum Ausdruck mit der

257 Vgl. Rudolf Uertz, Zur philosophisch-ethischen Grundlegung der neuzeitlichen Pflichtenkreislehre, in: Markus Vogt / Wilhelm Korff (Hgg.), Gliederungssysteme angewandter Ethik, aaO, 524-526.

Unterscheidung von Gebot und Rat: Gebot im eigentlichen Sinn, und damit verpflichtend für jeden Menschen unabhängig von seiner Glaubensüberzeugung ist das sittliche Naturgesetz als Humanum; Rat als höherer Weg der Vollkommenheit und Heiligkeit ist das Gesetz Christi, das wesentlich kondensiert in der Bergpredigt und im 1. Johannes-Brief[258] aufleuchtet. Es ist die neue Perspektive des Getauften, eine je größere Antwort der Liebe in seinem eigenen Leben zu geben. Leitend ist die Überzeugung: Nichts ist schwer für den, der sich von Gott geliebt weiß! Und genau hier erfolgt die gnadenhafte Erleuchtung und Verwandlung einer bis dahin bloß natürlichen Vernunft des Menschen: Kein Sollen nämlich kann auf Dauer plausibel und einsichtig sein, wenn es nicht an vernünftige Erwartungen des eigenen Könnens geknüpft ist. Die Auferstehung aber ist genau jene scheinbar zutiefst unvernünftige Aufsprengung der Perspektive des bloßen Humanums: Der Tod ist keine unüberwindbare Grenze mehr im Streben des Menschen nach Glück und vollkommen gelungenem Leben, sondern ist aufgebrochen hin zur Vollendung des menschlichen Strebens in der Liebe Gottes. Die Selbsthingabe der Person erscheint unter der Signatur des Kreuzes als vollkommener Weg zur Heiligkeit, zu Heil und Glück. Ohne Kreuz und Auferstehung freilich bliebe dieser Weg in der Tat widersinnig und unvernünftig. Martin Rhonheimer präzisiert daher: „Heil bedeutet hinsichtlich des Humanums: Erlösung vom – offenkundigen – menschlichen Unvermögen, den Ansprüchen des Menschseins voll und ganz entsprechen zu

258 1 Joh 3,4-24

können, also Erlösung von der Unfähigkeit, der wahren menschlichen Würde gemäß zu leben. Die christliche Offenbarung lehrt uns aber darüber hinaus, dass der Wille Gottes darin besteht, dass menschliche Vollkommenheit auf göttliche Vollkommenheit – Heiligkeit – hingeordnet und in sie integriert sei – so wie Christus Mensch und Gott ist."[259]

Das sittliche Naturgesetz und sein sprachlich verfasster Ausdruck als Naturrecht bilden vermittels der Menschen- und Völkerrechte die Quelle und den Bezugspunkt jeder positiven menschlichen Gesetzgebung. Insofern bildet die Gerechtigkeit den unhintergehbaren Referenzpunkt aller staatlichen Gesetzgebung. Der kategorische Imperativ des Immanuel Kant oder auch der „Schleier des Nichtwissens"[260] als Ausgangspunkt einer gerechten Gesetzgebung bei John Rawls (1921-2002) beleuchten markant die Gerechtigkeit als Grundlage jeder gerechten Gesetzgebung: Die Verallgemeinerung des bloß subjektiven Standpunktes oder das Aushandeln eines Gesellschaftsvertrages unter Absehung von individuellen Vorteilen ermöglichen ein Höchstmaß an demokratischer Freiheit und Gleichheit. Dies hat dann freilich auch zu gelten für die noch nicht geborenen Mitglieder einer rechtlich verfassten Gesellschaft und öffnet den Blick hin auf eine Generationengerechtigkeit. Die Demokratie darf in dieser Sicht die Methode oder Form der Mehrheitsbildung nicht verwechseln mit dem Inhalt der naturrechtlichen Wahrheit:

---

259 Martin Rhonheimer, Über die Existenz einer spezifisch christlichen Moral des Humanums, in: IKZ Communio (1994) 360-372, hier 367.

260 John Rawls, Eine Theorie der Gerechtigkeit, Berlin 1998.

Nicht die Mehrheit an sich qualifiziert ein Gesetz als gerecht und den Menschenrechten entsprechend, sie ist nur der optimale, von Argumenten und Meinungsfreiheit geprägte Weg der Wahrheitsfindung. Daher heißt es warnend in der Enzyklika „Evangelium vitae" von Johannes Paul II.: „Tatsächlich darf die Demokratie nicht so lange zu einem Mythos erhoben werden, bis sie zu einem Ersatzmittel für die Sittlichkeit oder einem Allheilmittel gegen die Unsittlichkeit gemacht wird. Sie ist ihrem Wesen nach eine Ordnung und als solche ein Werkzeug und nicht ein Ziel. Ihr sittlicher Charakter ist nicht automatisch gegeben, sondern hängt von der Übereinstimmung mit dem Sittengesetz ab, dem sie, wie jedes andere menschliche Verhalten, unterstehen muss."[261] Jedes Gesetz ist freilich nur eine unzulängliche Formulierung der ursprünglichen Idee der Gerechtigkeit, verstanden als Respekt vor dem Recht eines jeden Menschen auf Achtung seiner unveräußerlichen Würde. Thomas von Aquin bestimmt daher die Epikie[262] als die Tugend, die notfalls auch gegen den Wortlaut des Gesetzes der Idee der Gerechtigkeit und dem allgemeinen Wohl folgt.[263] Hier geht es dann um mehr als um bloße Legalität oder Gehorsam gegenüber dem Buchstaben des Gesetzes; gefragt wird vielmehr nach dem ursprünglichen und eigentlichen Willen des Geset-

261 Johannes Paul II., Enzyklika „Evangelium vitae" (1995) Nr. 70.

262 Vgl. Richard Bruch, Läßt Thomas von Aquin Epikie beim sittlichen Naturgesetz zu?, in: Ders., Moralia varia, aaO, 141-145; Richard Egenter, Über die Bedeutung der Epikie im sittlchen Leben, in: Philosophisches Jahrbuch 53 (1940) 115-140; Günther Virt, Epikie – verantwortlicher Umgang mit Normen, Mainz 1983; vgl. Klaus Demmer, Selbstaufklärung theologischer Ethik. Themen – Thesen – Perspektiven, Paderborn 2014, 109-132.

263 Thomas von Aquin, Summa Theologiae II-II q 120 a 1.

zes und des Gesetzgebers. Diese Sicht weitet sich aus zur tiefer gehenden Frage nach der Gewissensfreiheit auch gegenüber ungerechten Gesetzen. Thomas von Aquin zitiert in diesem Zusammenhang zustimmend Augustinus: „Non videtur esse lex, quae iusta non fuerit" – ein Gesetz, das nicht gerecht ist, wird nicht als Gesetz wahrgenommen.[264] Und er unterstreicht demzufolge: „Unde omnis lex humanitus posita intantum habet de ratione legis, inquantum a lege naturae derivatur" – jedes menschliche Gesetz hat insoweit den Charakter eines Gesetzes, als es vom Naturrecht abgeleitet wird.[265] Wo das aber nicht der Fall ist, da besteht die Pflicht des Gewissens zur Klärung und unter Umständen auch zum gewaltfreien Widerstand gegen ein ungerechtes Gesetz. Denn das Gewissen blickt auf die hinter der sprachlichen Formulierung stehende Wahrheit. Das grundlegende Problem aber der Demokratie ist eine zumindest anfanghafte „Blindheit der Vernunft für die ganze nicht-materielle Dimension der Wirklichkeit", so dass der Staat „das für ihn unerläßliche Maß an Erkenntnis und Wahrheit über das Gute von außerhalb seiner selbst nehmen muss."[266] Dieses notwendige Gegenüber des Staates bildet nach Auffassung der katholischen Moraltheologie das individuelle Gewissen und die Kirche in ihrer lehramtlichen Gewähr des von Gott angesprochenen Gewissens.

264 Augustinus, De libero arbitrio I 5, 11.

265 Thomas von Aquin, Summa Theologiae I-II q 95 a 2.

266 Joseph Ratzinger, Die Bedeutung religiöser und sittlicher Werte in der pluralistischen Gesellschaft, in: Ders., Wahrheit, Werte, Macht, Frankfurt/M. 1999, 65-92, hier 84 bzw. 87.

An dieser Stelle muss einiges gesagt werden zum Zusammenhang von vorstaatlichem Recht und staatlicher Gerechtigkeit in der Form von Grundrechten und daraus abgeleiteten Gesetzen. Die katholische Lehre vom Naturrecht begreift das Recht als Teil der universalen sittlichen Weltordnung, also als säkularen Ausdruck einer objektiv gültigen *lex divina*, des göttlichen Gesetzes. Von seinem Gegenstand her betrifft es jenen Bereich der sittlichen Ordnung, der es mit zwischenmenschlichen äußeren (von der Gesinnung absehenden) Handlungen zu tun hat. Das Recht betrachtet mithin nicht das Verhältnis des Menschen zu Gott, zu sich selbst und zur äußeren Natur. Inhaltlich gesehen ist das Recht mit der sittlichen Ordnung, wie sie sich aus dem göttlichen Naturgesetz ergibt, identisch. Recht und Ethik werden dem Inhalt nach dementsprechend identisch gedacht; das Recht erscheint als Ausschnitt des sittlichen Naturgesetzes. Mit der Entzweiung aber von Recht und Ethik in Europa im säkularen Bereich – wesentlich ab der Reformation aufgrund der nominalistischen Auffassung vom Naturrecht und der scharfen Betonung einer verderbten menschlichen Natur (*natura depravata hominis*) mit der daraus folgenden Unmöglichkeit einer Erkenntnis des Guten – und nicht zuletzt als Folge des Westfälischen Friedens mit einer Rechtsordnung ohne expliziten Gottesbezug sieht das staatliche positive Recht zunehmend von einer rechtsverbindlichen Hinführung zum vollkommenen tugendhaften Leben ab. Insbesondere die spanischen Spätscholastiker und die Schule von Salamanca mit dem Vordenker Francisco Suárez (1548-1617) sind der thomanischen Auffassung, das Naturrecht sei, auch ohne das Licht des Glaubens und der Gnade, in sich erkennbar und gültig. Dementsprechend unterstreicht Francisco Suárez in seiner berühmten Schrift „De legibus et legislatore Deo“ von 1612, die Qualität von Handlungen als gut und böse liege in den Dingen selbst und hänge nicht vom göttlichen Willen ab. Es sei aber die Rationalität Gottes, der das Gute wolle, welche verbürge, dass die naturrechtlichen Gebote und die göttlichen Gebote übereinstimmten. Damit ist es aber jetzt auch überflüssig, zusätzlich zu naturrechtlichen Einsichten noch besondere theologische Gründe für die ethische Verpflichtung des Rechtes zu bieten.

In der weiteren Entwicklung tritt an die Stelle einer positiv vorbestimmten Freiheit in der Moderne nun eine bloß negativ verstandene Freiheit des Individuums. Der politische Liberalismus gewährt und verbürgt individuelle Freiheitsräume auf der Grundlage des Grundrechtes der Gerechtigkeit und der daraus abgeleiteten Grundrechte, ohne weiter nach der inhaltlichen Füllung des Freiheitsraumes zu fragen oder gar etwas diesbezüglich vorzuschreiben. Im Blickpunkt des Rechtes stehen dann ausschließlich die Gewährleistung des öffentlichen Friedens und die Ordnung im äußeren Zusammenleben der Menschen verschiedener Konfession und Religion und verschiedener Lebensentwürfe bis hin zu höchst unterschiedlichen sexuellen Präferenzen. Damit löst die Moderne die menschliche Freiheit aus einer vorgegebenen naturalen oder religiösen Tradition; sie versteht Freiheit nicht mehr, wie Sokrates (469-399 v. Chr.), als das Tun des Besten oder, wie Platon (427-347 v. Chr.), als Ausrichtung auf das schlechterdings vorgegebene und verbindliche Gute, sondern als autonome und sich selbst verpflichtende Freiheit.[267] Die Freiheit ist damit etwas Unbedingtes und Letztes. Die katholische Lehre vom Naturrecht vollzog diese Entzweiung von Recht und Ethik nur zögerlich und nur zum Teil mit; sie hielt und hält an der grundsätzlichen Identität von Recht und Ethik fest. Christliche Freiheit lässt sich nicht nur negativ als Freiheit von Zwängen beschreiben, sondern braucht einen Inhalt. Dies aber ist in christlicher Sicht Gott selbst, der vom Wesen her Liebe ist, was demzufolge jedem Menschen als Grundrecht und zumindest in Gestalt der Gerechtigkeit zukommt. Wahrheit und Freiheit sind wechselseitig aufeinander bezogen: Wahrheit setzt Freiheit voraus, und Freiheit kommt in der Wahrheit zur Erfüllung.

So bleiben auch im staatlichen Recht und in den Grundrechten einige theologische Orientierungspunkte erhalten: (1) Der Mensch ist geschaffen als Gottes Abbild mit einzigartiger Würde und mit Selbstzwecklichkeit. (2) Der Mensch ist faktisch nicht unversehrt, sondern durch die Erbsünde gekennzeichnet und daher ordnungsbedürftig. (3) Der Mensch erfährt seine Vollendung im Jenseits durch eine eschatologische Erfüllung der Gerechtigkeit in umfassender personaler Liebe, sodass die ethische Verpflichtung nur unter der Annahme der Postulate von Gott, Seele und Unsterblichkeit (Immanuel Kant[268]) ge-

267 Vgl. Rudolf Uertz, Der neuzeitliche Paradigmenwechsel zur Pflichtenkreistriade: Ablösungen und Gabelungen, in: Markus Vogt / Wilhelm Korff (Hgg.), Gliederungssysteme angewandter Ethik, aaO, 489-514.

268 Vgl. Immanuel Kant, Kritik der praktischen Vernunft, AA V 122-134; vgl. zur Verortung der Postulate in Kants Ethik Otfried Höffe, Kants Kritik der praktischen Vernunft. Eine Philosophie der Freiheit, Nördlingen 2012, 166-186; Burkhard Nonnenmacher, Vernunft und Glaube bei Kant, Tübingen 2018, 61-98,

lingt und zugleich ein endgültiger Ausgleich von Recht und Unrecht erst jenseits dieser Welt ansteht. (4) Der Mensch erkennt das Gute schrittweise durch eine Lebensgeschichte hindurch, sodass sich diese Lebensgeschichte als Heilsgeschichte offenbaren soll. Das Absolutum Gottes als Grundlage der staatlichen Rechtsordnung dient in dieser Sicht der absoluten Würde jeder menschlichen Person.

Der Anfrage Gottes, versprachlicht in der Form des Gesetzes, entspricht im sittlichen Subjekt die Antwort des Gewissens. Es ist gleichsam die subjektive Norm, die *norma proxima*, also die der Person nächste Norm, nicht aber die *norma ultima*, die letztgültige Norm. Während die objektive Norm in allgemeiner Weise Auskunft gibt über die objektiv erforderte Sittlichkeit, konkretisiert die subjektive Norm in Hinsicht auf die Sittlichkeit einer personalen Handlung und entscheidet gegebenenfalls in einer Vorzugswahl und im Fall eines Güterkonfliktes. Nur das Gewissen kann beurteilen, ob etwa eine Notlüge oder die gewaltsame Abwehr eines ungerechten Angriffs legitim und erlaubt ist, inwieweit also der konkrete Einzelfall möglicherweise vom allgemein formulierten Gesetz nicht oder nur unzulänglich erfasst wird. Schon Aristoteles sieht das Gewissen in enger Bindung an die menschliche Vernunft, und zwar näherhin als Fähigkeit, sittliche Grundsätze zu erkennen und auch auf den Einzelfall anzuwenden. Die Stoiker prägen dafür den Ausdruck „syneidesis“ oder „conscientia“: Gemeint ist eine gleichsam geheime (oder zumeist unbewusste) Mitwisserschaft des Menschen um sich selbst, um den Anspruch des Sollens und um die eigenen Handlungsmöglichkeiten. Genauso definiert Thomas von Aquin: „Conscientia dicitur cum alio scientia", also: Gewissen ist das Wissen mit etwas anderem, letztlich mit Gott.[269] Paulus greift die stoische Sicht auf, wenn er unter Gewissen das Bewusstsein von der guten oder bösen Qualität der eigenen Handlungen und, noch allgemeiner, das Selbstbewusstsein der erkennenden und handelnden Person versteht, so etwa in Bezug auf den naturrechtlich verankerten Gewissensspruch bei den Heiden: „Wenn nämlich die Heiden, die kein Gesetz haben, von Natur aus die Vorschriften des Gesetzes erfüllen, so sind sie, die kein Gesetz haben, sich selbst Gesetz. Sie zeigen ja, dass die Forderungen des Gesetzes ihnen in ihr Herz geschrieben sind, wovon auch ihr Gewissen Zeugnis ablegt".[270] Durch einen Abschreibfehler des Hieronymus (347-420) wurde jedoch aus „syneidesis" dann „synderesis", was die mittelalterliche Theologie gegenüber der klassischen „conscientia" als fundamentaleren „habitus primorum principium", also als Urbewusstsein der allerersten Prinzipien, bestimmte, das auch durch die Ursünde nicht verloren gegangen sei und infolgedessen als Fundament des sittlichen Naturgesetzes dient. Inhaltlich besteht dieses Urbewusstsein des Guten in der naturhaft dem Menschen mitgegebenen Erkenntnis, das Gute sei zu tun, das Böse aber zu vermeiden. Demgegenüber wurde nun die „conscientia" als aktuelle Anwendung der sittlichen Erkenntnis auf einen konkreten Fall verstanden, also als Gewissensurteil. Daher kann das Urge-

269 Thomas von Aquin, Summa Theologiae I q 79 a 13.
270 Röm 2,14-15

wissen (*synderesis*) vom Situations- oder Urteilsgewissen (*conscientia*) unterschieden werden. Das Urgewissen wäre dann die personale Mitte der menschlichen Person, in der noch alle Seelenvermögen grundsätzlich harmonisch vereint sind: Verstand, Wille, Gefühl. Es ist die grundsätzliche und wesensmäßige Ausrichtung des Menschen auf das Gute hin. Das Situationsgewissen konkretisiert dann im Gewissensurteil die Einsicht und die Entscheidung für das hier und jetzt zu verwirklichende Gute. Auf dieser Ebene kann es zum irrigen Gewissen kommen, dem aber dann durchaus zu folgen ist. Wenn eingangs die Rede davon war, das Gewissen sei die nächste, nicht aber die letzte Norm menschlichen Handelns, dann wird hier deutlich, was gemeint ist: Gegen die Ansicht der Aufklärung „Das Gewissen irrt nie und kann nie irren"[271] wird an der letzten Instanz der objektiv gültigen Wahrheit festgehalten, die freilich immer nur fragmentarisch in der subjektiven Wahrheitserkenntnis eines Individuums aufleuchtet und der kirchlichen Gemeinschaft und nicht zuletzt des kirchlichen Lehramtes bedarf, um dem Individuum als plausibel und attraktiv erscheinen zu können.

Zudem braucht es eine ständige Gewissensbildung im Rahmen der höchst individuellen Entfaltung und Reifung des Menschen. Hier sind insbesondere die Erkenntnisse der Entwicklungspsychologie über sogenannte Dilemma-Situationen und über die moralischen Entwicklungsstufen beim Menschen zu berücksichtigen, etwa die Forschungen von Lawrence Kohlberg (1927-1987) zur Moralent-

271 Johann Gottlieb Fichte, System der Sittenlehre, 1798, III § 15, vgl. auch Werner Wolbert, Probleme mit dem irrigen Gewissen, in: Adrian Holderegger (Hg.), Fundamente der theologischen Ethik, Freiburg/Br. 1996, 313-341.

wicklung. Aus dieser Sicht ist dann auch eine Lösung des fast schon klassischen Streits zwischen einer deontologischen Moral (von griech. deon = Pflicht), gemäß der eine unbedingte Pflicht zur Vermeidung des Bösen, etwa der Lüge, besteht, und der teleologischen Moral (von griech. telos = Ziel), gemäß der ein Handeln erfolgt mit Blick auf die zu erwartenden maximierten guten Folgen in Sicht. Auch die Unterscheidung von Gesinnungsethik und Verantwortungsethik geht in eine ähnliche Richtung. Moralisches Handeln aus Prinzipien in konkreten Situationen, die oftmals durch ein Dilemma und durch eine damit verbundene notwendige Güterabwägung gekennzeichnet sind, verbindet beides; „es wird nicht durch deontische Gerechtigkeitsurteile (z. B. mit Bezug auf Rechte und Verträge) bestimmt, sondern auch durch Verantwortlichkeitsurteile, die sich auf die Ausführung der Handlung in einer konkreten Situation beziehen.“[272] Hier gilt das Gesetz der Gradualität hinsichtlich der Reife und des Vermögens des individuellen Gewissens, nicht jedoch gilt umgekehrt eine Gradualität des Gesetzes, als sei dieses nicht grundsätzlich gültiger Ausdruck des Guten. Urgewissen und Situationsgewissen bilden in dieser Sicht eine unlösbare Einheit, die Augustinus einmal so beschreibt: „Wir könnten nicht urteilend sagen, dass das eine besser sei als das andere, wenn uns nicht ein Grundverständnis des Guten eingeprägt wäre.“[273]

272 Lawrence Kohlberg, Die Psychologie der Moralentwicklung, Frankfurt/M. 1996, 456, vgl. auch Theodor Müncker, Die psychologischen Grundlagen der katholischen Sittenlehre, Düsseldorf 1938.

273 Augustinus, De trinitate VIII 3, 4.

Der persönliche Gewissensakt wendet das Grundwissen um Gottes Anspruch in konkreten Situationen an und braucht daher die beständige Vergewisserung dieses Anspruchs und zugleich die Verbesserung der gleichsam subjektiven Hörfähigkeit durch die Glaubensgemeinschaft der Kirche. Insofern ist die Kirche als Gemeinschaft der Getauften der privilegierte Ort des menschlichen Gewissens. Stets geht es ja dem subjektiven Gewissen um objektive Gewissheit des guten und Gott gerecht werdenden Verhaltens. So verbindet das Gewissen Vorbeugung und Nachdenken in der Mühe um ein passgerechtes Entscheiden für das grundsätzlich und zugleich das hier und jetzt erforderliche Gute. „So hat das Gewissen sowohl ein kritisches wie auch ein richterliches Amt."[274] Es steht zuletzt immer im Dienst wachsender moralischer Reife und Erfahrung und wird inspiriert durch das Bewusstsein des lebendigen Gottes, der sich unverwechselbar und gewiss in der Stimme des persönlichen Gewissens eines Menschen hörbar macht.

274 John Henry Newman, Philosophie des Glaubens, München 1921, 88, vgl. auch Josef Römelt, Das Gewissen – Stimme des Menschen oder Stimme Gottes?, in: Studia Moralia 31 (1993) 307-326.

Nachwort

Albert Camus (1913-1960) stellt seinem ungemein folgenreichen und faszinierenden Büchlein „Der Mythos von Sisyphos"[275] einen markanten Satz aus der dritten pythischen Ode des griechischen Dichters Pindar voran: „Liebe Seele, trachte nicht nach dem ewigen Leben, sondern schöpfe das Mögliche aus." Die Moraltheologie unterscheidet sich von der philosophischen Ethik gerade darin, dass sie beides zugleich will: nach dem ewigen Leben trachten und das Mögliche ausschöpfen. Oder anders: Gerade dadurch das ewige Leben zu gewinnen als beste Lebensform von allen, dass man das Möglichste und das Beste, ganz im Sinne des Anselm von Canterbury, ausschöpft. Bekanntlich beginnt Albert Camus sein Buch nach dem Vorspruch mit dem berühmten Satz: „Es gibt nur ein wirklich ernstes philosophisches Problem: den Selbstmord. Die Entscheidung, ob das Leben sich lohne oder nicht, beantwortet die Grundfrage der Philosophie."[276] Theologie will die endgültige Antwort auf diese menschliche Grundfrage sein, oder besser: Theologie will die Antwort Gottes auf diese ewige Frage des Menschen sein: Lohnt sich mein Leben überhaupt? Gottes ewiges Ja auf diese Frage und seine Entfaltung im Alten und im Neuen Testament und durch die Zeit der Kirche hindurch wird von der Theologie bezeugt und entfaltet, tradiert und erläutert. Moraltheologie verwaltet in diesem Prozess der treuen Überlieferung von Gottes Antwort das

275 Albert Camus, Der Mythos von Sisyphos. Ein Versuch über das Absurde, Hamburg 1983.

276 Ebd., 9.

Feld des Handelns, oder auch, in der Sprache Camus', den steilen Anstieg vom Fuß des Berges hinauf zum Gipfel. Sie verwaltet die Mühe des schier vergeblichen Wälzens des Steins in den „Nächten von Gethsemane“[277]: „Der Kampf gegen Gipfel vermag ein Menschenherz auszufüllen. Wir müssen uns Sisyphos als glücklichen Menschen vorstellen.“[278] Die Moraltheologie hält Camus mit Hilfe der Offenbarung und der Tradition der Kirche entgegen: Wir brauchen uns Sisyphos nicht als glücklichen Menschen bloß vorstellen, da es einen Menschen gab, der zuerst, als Gott und Mensch zugleich, den Stein selbst ein für alle Mal auf den Gipfel gewälzt hat, der nicht vergeblich sich gemüht und gelebt hat, der die Last des Lebens bis in den Tod durch seine Auferstehung leicht und lesbar, ja glückserfüllt werden ließ. An die Stelle des heroischen und tragischen Atheismus kann das von Gottes Liebe erfüllte Leben treten. Dafür treten die Kirche und ihre Moraltheologie ein, auch und gerade in säkularer Zeit.

Nichts und niemand auf der Welt werden die Kirche im materiell ungeheuer gesättigten Westen vor dem Absturz – im Vergleich jedenfalls zur „pianischen Epoche“ (1860-1960), der Zeit einer öffentlich sehr mächtigen Volkskirche – in die Marginalisierung und die öffentlich-politisch weitgehende Bedeutungslosigkeit bewahren. Anders gesagt: In einer solchen weitgehend säkularen und religiös desinteressierten Gesellschaft ist die Kirche und ihre eigentümliche Ethik nur noch ein Anbieter unter vielen auf dem zunehmend uninteressant werdenden Feld

277 Ebd., 100.
278 Ebd., 101.

der transzendenten Sinnerfahrung oder der Religion, sofern sie mehr meint als nur eine bloße Verbesserung des diesseitigen Lebens. Das kann man sehr schön und ausführlich nachlesen in dem großartigen Buch „Ein säkulares Zeitalter“[279] des kanadischen Philosophen Charles Taylor. Denn er erläutert sehr anschaulich auf über 1000 Seiten, wie schon im Jahre 1500 der Prozess der schleichenden Marginalisierung Gottes und damit der Säkularisierung begann, der Weg der Entdivinisierung der Welt, also des Verschwindens Gottes aus dem normalen Alltag. Die Reformation ab 1517 verschärfte und beschleunigte durch ein entschlossenes Abräumen der sieben Sakramente und der sichtbaren Kirche als Raum der Gegenwart Gottes diesen Prozess, der daher in protestantischen Ländern wie Skandinavien oder Großbritannien oder Böhmen auch schon folgerichtig sehr viel früher eingetreten ist und bereits länger andauert als in katholisch gebliebenen Ländern.

Kurz gesagt: Die Erfindung des Blitzableiters, des Fernrohres und der Pockenimpfung verdrängen Gott und zugleich die Kirche sehr nachhaltig und erfolgreich als nutzbringendes Instrument des verbesserten Lebens. Gott wird, anders gesagt, unanschaulich, oder, in Anlehnung an den Philosophen Hartmut Rosa: Der Resonanzboden für das, was Gott meint und aussagen soll, ist für die allermeisten westlichen Menschen weitgehend verschwunden.[280] Gott ist so wenig bekannt und bedeutsam wie Rotkäppchen oder der Hutmacher bei „Alice im Wunder-

279 Charles Taylor, Ein säkulares Zeitalter, Frankfurt/M. 2009.

280 Hartmut Rosa, Resonanz. Eine Soziologie der Weltbeziehung, Berlin ^{4}2016.

land“, und die Kirche ist nur noch nützlich, wenn sie zur Verbesserung des diesseitigen Lebens beiträgt, wie etwa in caritativen Einrichtungen oder der Bejahung vollumfänglicher Gendergerechtigkeit oder auch der bedingungslosen Segnung individueller Lebensentwürfe. Schon Max Weber (1864-1920) sagte von sich selbst, er sei „religiös absolut unmusikalisch“[281], das kann man sicher von vielen Menschen sagen, so wie wenige Menschen Gedichte lieben oder Golfspiel oder Musik von Arnold Schönberg. In der katholischen Welt wurde das lange Zeit, bis eben in die erwähnte pianische Epoche hinein, überspielt; die Volkskirche lebte scheinbar. In Wirklichkeit war die Volkskirche mit ihren kräftigen moralischen Normen als Bekenntniskirche immer eine wohlfeile Illusion gewesen, genährt freilich auch durch das süße Gift des verführerischen Wortes des Tertullian von der „anima naturaliter christiana“, von der naturhaft christlichen Seele eines jeden Menschen[282]. Das stimmt (vielleicht) dogmatisch, moralisch stimmte es nie. Wäre das nämlich so, dann wären Christus die Massen nachgelaufen. Hingegen war offenkundig die Zahl der religiös Musikalischen und der an der Jüngerschule Jesu Interessierten bis unter das Kreuz – selbst bei großzügigster Zählung – auf vier bis fünf geschrumpft…

Der Mensch schlechthin ist von Natur aus weder religiös noch areligiös, er kann angesprochen werden auf einen höheren und weitergehenden Lebenssinn als nur das pure genießende lange Überleben. Das aber erfordert

---

281 Max Weber in einem Brief vom 09.02.1909 an Ferdinand Tönnies, in: Max Weber-Gesamtausgabe, Abt. II Briefe, Bd. 6 Briefe, Tübingen 1909-1910.

282 Tertullian, Apologeticum, 17.1.

in Zeiten des „abgepufferten Selbst“[283], wie Charles Taylor das nennt, oder meinethalben auch eines „abgepuderten Selbst“, große Mühe und Anstrengung. Früher nannte man das schlicht: Mission.

Grund zu Resignation oder zu Defätismus besteht aber keineswegs. Nur Grund zu Realismus und zur Nüchternheit. Schon 1966 schrieb der ideologisch unverdächtige und knochentrockene Theologe Karl Rahner: „Der Fromme der Zukunft wird ein Mystiker sein, einer, der etwas erfahren hat, oder er wird nicht mehr sein.“[284] Ganz unverhohlen und fast kindlich gebraucht Rahner hier den inzwischen fast völlig verstaubten und zumindest altfränkisch angehauchten Begriff der Frömmigkeit, um auszudrücken: Es geht keineswegs einfach nur um ein „anonymes Christentum“[285], sondern um handfeste Gottesverehrung, eben um Jüngerschule Jesu, um eine durchaus intime und innige persönliche Beziehung zu Christus im Raum der sakramentalen Kirche. Ein Mystiker ist jemand, der Erfahrung, gute Erfahrung mit Gott gemacht hat.

Und wie geschieht das? Nach römisch-katholischer Auskunft auf dem Weg der sichtbaren Kirche: „Wer Euch hört, der hört mich“[286] sagt der Herr zu den Aposteln und damit, nach katholischem Glauben, zu der von ihm gestifteten apostolischen und hierarchischen Kirche. Dieser Weg der Verbundenheit mit Christus ist dreifach gepflas-

---

283 Charles Taylor, Ein säkulares Zeitalter, aaO, 72.

284 Karl Rahner, Frömmigkeit heute und morgen, in: Geist und Leben 39 (1996) 326-342, 335.

285 Vgl. ders., Über die Einheit von Nächsten- und Gottesliebe, in: Ders., Schriften zur Theologie, Bd. 6, Einsiedeln/Zürich/Köln 1965, 277-298.

286 Lk 10,16.

tert: durch das Lesen in der Heiligen Schrift, durch den Empfang der Sakramente, durch ein Leben der Liebe in Beruf und im Alltag. Gerade der dritte Aspekt wird gern vergessen und ist, als moralischer Pflasterstein gleichsam, doch der Lackmustest des Glaubens an Jesus Christus, der sagt: „Was ihr dem Geringsten getan habt, das habt ihr mir getan."[287] Es braucht keine Klerikalisierung der Getauften, sondern ein Apostolat des Alltags und des Berufes, des ganzen Lebens. „Mystik der offenen Augen"[288] nannte das einst der durchaus liberale Theologe Johann Baptist Metz und meinte die Aufmerksamkeit auf die konkreten Nöte der Menschen und das Gespür für konkrete Taten der Nächstenliebe. Das ist echte politische Mystik.[289]

Erfahrungen mit Gott und seinem Offenbarwerden in der konkreten und sichtbaren Kirche und im sichtbaren Menschen sammeln und niemals zu verzweifeln, weder an der Kirche, noch an Gott oder an den Menschen, noch – und vielleicht am schwersten – an sich selbst: Das ist das Gebot der Stunde einer mystischen Kirche und ihrer moraltheologischen Anleitung zum vor Gott gelun-

287 Mt 25,45.

288 Johann Baptist Metz, Mystik der offenen Augen, in: Ders., Gesammelte Schriften, Bd. 7, Freiburg/Br. 2017.

289 Vgl. ders., Memoria passionis. Ein provozierendes Gedächtnis in pluralistischer Gesellschaft, Freiburg/Br. 2006, 177: „Die biblisch-monotheistische Mystik der Compassion ist jedenfalls in ihrem Kern eine politische Mystik. Sie ist eine antlitzsuchende und nicht eine antlitzlose Natur- bzw. kosmische Alltagsmystik. Ihr kategorischer Imperativ, wie er in vielen Varianten beider Testamente des christlichen Glaubens dokumentiert ist, lautet: Aufwachen, die Augen öffnen! Jesus lehrte nicht – bei allem Respekt vor Buddha und fernöstlicher Spiritualität sei dies gesagt – eine Mystik der geschlossenen, sondern der offenen Augen, eine Mystik der unbedingten Wahrnehmungspflicht von fremdem Leid."

genen Leben, und dies in einem inzwischen restlos säkularen Westen. Kein Grund zur Traurigkeit oder gar zur Wut, sondern Grund zur Freude, in winterlicher Zeit und in dieser seiner sichtbaren Kirche und in dieser eigenen Lebensgeschichte Gott suchen und finden zu dürfen.